Curso

*La diferencia entre aprobar
y sacar plaza*

Auxiliar de Administración General

CABILDO INSULAR DE GRAN CANARIA

Accede a tu **Curso MAD360** y disfruta de los siguientes recursos:

AF212445

- Técnicas de Memoria 360.
- MADTEST: Test nivel PRO.
- Temario en formato digital.
- Vídeos.
- Esquemas.
- Planificación de estudio.
- Foro entre opositores hasta la fecha del examen.*
- Recursos y novedades exclusivas.
- Consulta sobre la oposición y el proceso selectivo.
- Actualizaciones legislativas (Boletines Oficiales) hasta 60 días antes de la fecha del examen.*

Para acceder al Curso MAD360** será necesaria la compra de todos los libros para esta especialidad de la edición 2024.

Valida los códigos que encuentras en la última página de tus libros y disfruta de la experiencia MAD360.

Infórmate en: mad.es/registro-campus

NOTA IMPORTANTE:

* Examen de esta categoría profesional correspondiente a la convocatoria publicada en el BOE núm. 200, de 19 de agosto de 2024, o hasta el 30 de septiembre de 2025, lo que se cumpla antes.

** El acceso al CURSO MAD360 estará disponible desde octubre de 2024 (algunos recursos podrían estar disponibles en fecha posterior). Tendrá una duración de 365 días, desde la validación de códigos, o hasta el 31 de marzo del 2026, lo que se cumpla antes.

MAD se reserva el derecho a ampliar dichas fechas.

Auxiliar de Administración General del Cabildo Insular de Gran Canaria

Octubre, 2024

Auxiliar de Administración General del Cabildo Insular de Gran Canaria

Test del temario

Autores

LIDIA PONCE MARTÍNEZ
Licenciada en Psicología

FRANCISCO JESÚS TORRES FONSECA
Licenciado en Derecho

CLARA INÉS CARRILLO PARDO
Licenciada en Derecho

ENCARNA ROJO FRANCO
Autora de libros de texto:
Oposiciones y Certificados de Profesionalidad
Profesora de Derecho Público

MAGALÍ RIERA ROCA
Licenciada en Derecho

JUAN CARLOS USERO LÓPEZ
Licenciado en Derecho
Funcionario del Cuerpo Superior de Administradores Generales
Consejero Técnico

CARLOS TOJEIRO ALCALÁ
Ingeniero Informático
Titulado MCP de Microsoft

© 7 Editores Recursos para la Cualificación Profesional y el Empleo, S.L. (7 Editores)
© Los autores
Primera edición, octubre 2024 (210 páginas)
Derechos de edición reservados a favor de 7 Editores
IMPRESO EN ESPAÑA
Diseño Portada: 7 Editores
Edita: 7 Editores
Avda. San Francisco Javier, 9 · Edificio Sevilla 2 · Planta 11 · Módulos 25-27 · 41018 Sevilla
Teléfono: 954 784 411 · WEB: www.mad.es · e-mail: administracion@7editores.com
ISBN: 978-84-142-8653-1
© "Editorial Mad" y "Eduforma" son nombres comerciales registrados de
7 Editores Recursos para la Cualificación Profesional y el Empleo, S.L.

Índice

PARTE COMÚN

TEST N.º 1

La Constitución Española de 1978

1. ¿En qué se fundamenta la Constitución Española?

a) En un Estado social y democrático de Derecho.
b) En la indisoluble unidad de la Nación española.
c) En la independencia de los poderes del Estado.

2. Según el artículo 3 de la CE, el castellano es la lengua oficial del Estado y todos los españoles:

a) Tienen el deber de usar y el derecho de conocer el castellano.
b) Tienen el derecho y el deber de conocer el castellano.
c) Tienen el deber de conocer y el derecho de usar el castellano.

3. La Constitución Española reconoce y garantiza el derecho a la autonomía:

a) De las nacionalidades que la integran.
b) De las regiones que la integran.
c) De las nacionalidades y regiones que la integran.

4. Señala la respuesta correcta, respecto de la aprobación, ratificación y publicación de la Constitución Española:

a) Aprobada por las Cortes el 31 de octubre de 1978, ratificada por el pueblo en referéndum el 6 de diciembre de 1978 y publicada el 29 de diciembre de 1978.
b) Aprobada por las Cortes el 30 de octubre de 1978, ratificada por el pueblo en referéndum el 16 de diciembre de 1978 y publicada el 27 de diciembre de 1978.
c) Aprobada por las Cortes el 31 de octubre de 1978, ratificada por el pueblo en referéndum el 16 de diciembre de 1978 y publicada el 29 de diciembre de 1978.

5. ¿En qué parte de la Carta Magna se establece la exposición de motivos que impulsan la norma constitucional y los objetivos que con ella se pretenden alcanzar?

a) En el Título Preliminar.
b) En el Preámbulo.
c) En el Título I.

6. La Constitución Española fue sancionada por:

a) El Rey.
b) El Presidente del Congreso.
c) Las Cortes Generales.

7. ¿Cuál de los siguientes es considerado por la CE como uno de los valores superiores del ordenamiento jurídico?

a) La jerarquía normativa.
b) El pluralismo político.
c) La publicidad normativa.

8. La forma política del Estado español es:

a) Democracia parlamentaria.
b) Gobierno parlamentario.
c) Monarquía parlamentaria.

9. La parte de la CE que regula la estructura de los principales órganos del Estado recibe el nombre de:

a) Parte dogmática.
b) Parte orgánica.
c) Parte estatal.

10. Según la CE, la soberanía nacional:

a) Corresponde a las Cortes Generales, al estar compuestas por los representantes del pueblo.
b) Corresponde al Rey.
c) Reside en el pueblo español.

11. ¿En qué parte de la Carta Magna se señalan los valores superiores del ordenamiento jurídico?

a) En el Preámbulo.
b) En el Título Preliminar.
c) En el Título I.

12. ¿Cuál de las siguientes es una de las características de nuestra Constitución de 1978?

a) Consensuada.
b) Corta.
c) Conservadora.

13. ¿Qué quedará excluido de extradición?

a) Los delitos criminales.
b) Los delitos políticos.
c) Los actos de terrorismo.

14. ¿Qué debe ser democrático, a tenor de lo dispuesto en la Constitución Española, en los sindicatos de trabajadores y las asociaciones empresariales?

a) Su funcionamiento.
b) Su estructura interna.
c) Su funcionamiento y estructura interna.

15. ¿De cuántos Capítulos consta el Título I de la CE de 1978?

a) De tres.
b) De cinco.
c) De dos.

16. El derecho a la propiedad en nuestra Constitución es un Derecho:

a) Inherente a la condición humana.
b) Absoluto.
c) Que está limitado por la función social de la misma.

17. Dispone la Carta Magna que todos contribuirán al sostenimiento de los gastos públicos de acuerdo con su capacidad económica mediante un sistema tributario justo inspirado en los principios de:

a) Legalidad y equidad.
b) Igualdad y progresividad.
c) Publicidad y legalidad.

18. Según la Constitución, el Estado es:

a) Apolítico.
b) Aconfesional.
c) De bienestar social.

19. El derecho a la vida se consagra en el siguiente artículo de la Constitución:

a) 10.
b) 16.
c) 15.

20. La pena de muerte en España:

a) Ha quedado abolida.
b) Puede aplicarse en cualquier momento.
c) Solo se aplicará, en tiempo de guerra, a los militares.

21. La inmediata puesta a disposición judicial derivada del habeas corpus, se produce por:

a) Detención ilegal.
b) Prisión ilegal.
c) Prisión preventiva.

22. El proceso en el que se enjuicie a un presunto delincuente debe:

a) Ser sumario.
b) No dilatarse.
c) Entorpecer los instrumentos probatorios.

23. La entrada en un domicilio en caso de flagrante delito, sin autorización de su titular:

a) Puede dar lugar a la aplicación del habeas corpus.
b) Requiere autorización previa de la autoridad judicial.
c) Puede efectuarse en todo momento.

24. Cuando, al conocerse la comisión de un delito por una persona, se acude a su domicilio para detenerla:

a) Está obligada a franquear la entrada.
b) Se necesitará autorización judicial para entrar, si no da su consentimiento para ello.
c) Pese a que no dé su consentimiento, se puede entrar.

25. La autorización previa para celebrar una manifestación pública:

a) La da el Subdelegado del Gobierno en la Provincia.
b) Es ineludible.
c) Sería inconstitucional.

26. El tipo de sufragio que consagra la Constitución es el:

a) Proporcional.
b) Universal.
c) Censitario.

27. Además de la no autoinculpación, la Constitución prevé que no se está obligado a declarar sobre un hecho presuntamente delictivo en caso de:

a) Parentesco y afinidad.
b) Cláusula de conciencia.
c) Secreto profesional.

28. Los Tribunales de Honor están prohibidos respecto de los/la/las:

a) Sindicatos y Organizaciones Profesionales.
b) Administración Civil y Militar.
c) Organizaciones Profesionales y la Administración Civil.

29. El secreto profesional, constitucionalmente, sirve para:

a) Ejercer con libertad una profesión titulada.
b) La libertad de creación científica y técnica.
c) No declarar sobre hechos presuntamente delictivos.

30. La fundación de una Internacional Sindical por un sindicato español:

a) Es libre.
b) Está prohibida.
c) Debe plasmarse en un Tratado Internacional.

31. El ejercicio del derecho de petición a través de una manifestación ciudadana:

a) No se admite.
b) Se admite en algún caso.
c) Se admite, salvo para los militares.

32. Nuestro sistema tributario ha de ser:

a) Regresivo e igualitario.
b) Progresivo y generalizado.
c) Confiscatorio.

33. Las Fundaciones son:

a) Entidades constituidas para fines de interés general.
b) Administración Corporativa.
c) Entidades privadas con fines de carácter también privado.

34. La asistencia de todo orden a los hijos habidos extraconyugalmente:

a) No está prevista en la Constitución.
b) Es un deber de los padres.
c) Se dispensará por Instituciones de Beneficencia.

35. La especulación urbanística, según la Constitución:

a) Debe evitarse.
b) Está permitida.
c) Genera plusvalías para la colectividad.

36. No es susceptible de recurso de amparo el derecho a la/de:

a) Sindicación.
b) Investigación científica.
c) Secreto de las comunicaciones.

37. No es susceptible de recurso de amparo el derecho de:

a) Libertad de cátedra.
b) Negociación colectiva.
c) Manifestación.

38. Es susceptible de recurso de amparo el derecho a la/de:

a) Libre sindicación.
b) Petición.
c) Ambos son susceptibles de recurso de amparo.

39. Una vez declarado el estado de excepción no se puede suspender el derecho/ libertad de:

a) Huelga.
b) Enseñanza.
c) Adopción de medidas de conflicto colectivo.

40. Durante el estado de excepción, un detenido conserva el derecho de/a:

a) Setenta y dos horas para ser puesto a disposición judicial.
b) Secreto de comunicaciones.
c) Asistencia de Letrado.

41. Se puede suspender, con motivo de investigaciones relativas a bandas armadas, el derecho de:

a) Huelga.
b) Inviolabilidad del domicilio.
c) Libertad de circulación.

42. Nuestra Constitución trata de los derechos y deberes fundamentales de los españoles en su Título I, denominado:

a) De los derechos y deberes fundamentales.
b) De los deberes de los españoles.
c) De los derechos de los españoles.

43. ¿En qué artículos de nuestra CE se recogen los derechos fundamentales y de las libertades públicas?

a) En los artículos 10 a 43.
b) En los artículos 25 a 38.
c) En los artículos 15 a 29.

44. Puede instar la reforma de la Constitución el/los/las:

a) Asambleas Legislativas de las Comunidades Autónomas.
b) Presidente del Gobierno de la Nación.
c) Consejos de Gobierno de las Comunidades Autónomas.

45. No puede instar la reforma de la Constitución el/los:

a) Presidente del Gobierno de la Nación.
b) Gobierno de la Nación.
c) Congreso de los Diputados.

46. En el procedimiento ordinario de reforma constitucional, el referéndum es:

a) Obligatorio en todo caso.
b) Preceptivo cuando se solicite por una décima parte de los Diputados o Senadores, dentro de los quince días siguientes a la aprobación de la reforma.
c) Voluntario en cualquier caso.

47. La disolución de las Cortes Generales, cuando se va a proceder a la reforma de la Constitución, se produce en caso de:

a) Reforma por el procedimiento excepcional.
b) Reforma por el procedimiento ordinario.
c) Cualquier tipo de reforma.

48. No puede iniciarse la reforma constitucional en:

a) Tiempo de guerra.
b) El supuesto de que el Rey no lo estime oportuno.
c) Un período extraordinario de sesiones de las Cámaras.

49. En el procedimiento general de reforma constitucional, en principio, el proyecto de reforma debe ser aprobado por:

a) El Congreso de los Diputados por mayoría de dos tercios.
b) El Congreso de los Diputados y el Senado por mayoría de tres quintos.
c) Ambas Cámaras, por mayoría absoluta.

50. El procedimiento excepcional de reforma está previsto en caso de intentarse esta respecto del siguiente Título de la Constitución:

a) Cualquiera.
b) Segundo.
c) Tercero.

Solución al test n.º 1

1. b) En la indisoluble unidad de la Nación española.

2. c) Tienen el deber de conocer y el derecho de usar el castellano.

3. c) De las nacionalidades y regiones que la integran.

4. a) Aprobada por las Cortes el 31 de octubre de 1978, ratificada por el pueblo en referéndum el 6 de diciembre de 1978 y publicada el 29 de diciembre de 1978.

5. b) En el Preámbulo.

6. a) El Rey.

7. b) El pluralismo político.

8. c) Monarquía parlamentaria.

9. b) Parte orgánica.

10. c) Reside en el pueblo español.

11. b) En el Título Preliminar.

12. a) Consensuada.

13. b) Los delitos políticos.

14. c) Su funcionamiento y estructura interna.

15. b) De cinco.

16. c) Que está limitado por la función social de la misma.

17. b) Igualdad y progresividad.

18. b) Aconfesional.

19. c) 15.

20. a) Ha quedado abolida.

21. a) Detención ilegal.

22. b) No dilatarse.

23. c) Puede efectuarse en todo momento.

24. b) Se necesitará autorización judicial para entrar, si no da su consentimiento para ello.

25. c) Sería inconstitucional.

26. b) Universal.

27. c) Secreto profesional.

28. c) Organizaciones Profesionales y la Administración Civil.

29. c) No declarar sobre hechos presuntamente delictivos.

30. a) Es libre.

31. a) No se admite.

32. b) Progresivo y generalizado.

33. a) Entidades constituidas para fines de interés general.

34. b) Es un deber de los padres.

35. a) Debe evitarse.

36. b) Investigación científica.

37. b) Negociación colectiva.

38. c) Ambos son susceptibles de recurso de amparo.

39. b) Enseñanza.

40. c) Asistencia de Letrado.

41. b) Inviolabilidad del domicilio.

42. a) De los derechos y deberes fundamentales.

43. c) En los artículos 15 a 29.

44. a) Asambleas Legislativas de las Comunidades Autónomas.

45. a) Presidente del Gobierno de la Nación.

46. b) Preceptivo cuando se solicite por una décima parte de los Diputados o Senadores, dentro de los quince días siguientes a la aprobación de la reforma.

47. a) Reforma por el procedimiento excepcional.

48. a) Tiempo de guerra.

49. b) El Congreso de los Diputados y el Senado por mayoría de tres quintos.

50. b) Segundo.

TEST N.º 2

Municipios de Gran Población

1. El régimen peculiar para los Municipios de gran población será aplicable:

a) A los municipios que sean capitales autonómicas.
b) A los municipios cuya población supere los 50.000 habitantes.
c) A los municipios cuya población supere los 150.000 habitantes.

2. En los municipios de gran población corresponde a la Junta de Gobierno:

a) La aprobación y modificación de las ordenanzas y reglamentos municipales.
b) La aprobación del proyecto de presupuesto.
c) Los acuerdos relativos a la participación en organizaciones supramunicipales.

3. En los municipios de gran población tendrán la consideración de órganos directivos:

a) El Alcalde.
b) El titular de la asesoría jurídica.
c) Los miembros de la Junta de Gobierno Local.

4. En los municipios de gran población para la defensa de los derechos de los vecinos ante la Administración municipal el Pleno creará:

a) Un órgano de gestión económico-financiera.
b) Una Comisión especial de Sugerencias y Reclamaciones.
c) Un órgano para la resolución de las reclamaciones económico-administrativas.

5. En los municipios de gran población el dictamen sobre los proyectos de ordenanzas fiscales corresponderá a:

a) Un órgano de gestión económico-financiera.
b) Una Comisión especial de Sugerencias y Reclamaciones.
c) Un órgano para la resolución de las reclamaciones económico-administrativas.

6. La aprobación del proyecto de presupuesto en un Municipio de gran población es competencia del/de la:

a) Presidente.
b) Junta de Gobierno Local.
c) Pleno.

7. La Relación de Puestos de un Ayuntamiento de un Municipio de gran población la aprueba el/la:

a) Junta de Personal.
b) Pleno.
c) Junta de Gobierno Local.

8. El régimen retributivo de los órganos directivos municipales en un Municipio de gran población se establece por el/la:

a) Concejal-Delegado de Personal.
b) Alcalde.
c) Pleno.

9. ¿A qué órgano del Ayuntamiento le corresponde la creación de los distritos?

a) Al Alcalde.
b) A la Junta de Gobierno Local.
c) Al Pleno de la Corporación.

10. Para la consecución de una gestión integral del sistema tributario municipal, los ayuntamientos de los municipios de gran población puede crear un órgano de gestión tributaria. ¿A qué órgano compete su creación?

a) Al Alcalde.
b) A la Junta de Gobierno Local.
c) Al Pleno.

11. En los Municipios de gran población, el titular del órgano de gestión presupuestaria puede ser:

a) Un miembro de la Corporación.
b) Un funcionario de Administración Local con Habilitación de carácter Nacional necesariamente.
c) Un funcionario de la propia Corporación.

12. La Intervención General Municipal, en los Municipios de gran población, ejerce las funciones de:

a) Control y fiscalización interna de la gestión económico-financiera y presupuestaria.
b) Contabilidad.
c) Tesorería.

Solución al test n.º 2

1. a) A los municipios que sean capitales autonómicas.

2. b) La aprobación del proyecto de presupuesto.

3. b) El titular de la asesoría jurídica.

4. b) Una Comisión especial de Sugerencias y Reclamaciones.

5. c) Un órgano para la resolución de las reclamaciones económico-administrativas.

6. b) Junta de Gobierno Local.

7. c) Junta de Gobierno Local.

8. c) Pleno.

9. c) Al Pleno de la Corporación.

10. c) Al Pleno.

11. c) Un funcionario de la propia Corporación.

12. a) Control y fiscalización interna de la gestión económico-financiera y presupuestaria.

TEST N.º 3

La Ley Orgánica 3/2007, de 22 de marzo, para la igualdad efectiva de mujeres y hombres

1. El principio de igualdad de trato y de oportunidades entre mujeres y hombres:

a) Solo se aplica en el ámbito del empleo público.
b) Se garantizará incluso en el acceso al trabajo por cuenta propia.
c) No se aplica en la afiliación y participación en organizaciones sindicales o empresariales.

2. Señalar la opción incorrecta. Según el artículo 3 de la LO 3/2007, el principio de igualdad de trato entre mujeres y hombres supone la ausencia de toda discriminación, directa o indirecta, por razón de sexo, y especialmente, las derivadas de:

a) La maternidad.
b) La tendencia sexual.
c) La asunción de obligaciones familiares.

3. Según el artículo 4 de la LO 3/2007, la igualdad de trato y de oportunidades entre mujeres y hombres:

a) Es un deber de las Administraciones Públicas.
b) Es una fuente formal del Derecho.
c) Es un principio informador del ordenamiento jurídico.

4. Una diferencia de trato basada en una característica relacionada con el sexo, ¿constituye discriminación en el acceso al empleo?

a) Sí, en todo caso.
b) No, siempre que la formación necesaria se base en dicha característica.
c) No, si debido a la naturaleza de las actividades profesionales concretas o al contexto en el que se lleven a cabo, dicha característica constituye un requisito profesional esencial y determinante, siempre y cuando el objetivo sea legítimo y el requisito proporcionado.

5. La situación en que se encuentra una persona que sea, haya sido o pudiera ser tratada, en atención a su sexo, de manera menos favorable que otra en situación comparable, se considera:

a) Discriminación directa.
b) Acoso sexual.
c) Discriminación indirecta.

6. En virtud del artículo 6.2 de la LO 3/2007, la situación en que una disposición, criterio o práctica aparentemente neutros pone a personas de un sexo en desventaja particular con respecto a personas del otro:

a) En cualquier caso constituirá discriminación directa.
b) En cualquier caso constituirá discriminación indirecta.
c) No se considera discriminación indirecta si dicha disposición, criterio o práctica pueden justificarse objetivamente en atención a una finalidad legítima y los medios para alcanzar dicha finalidad son necesarios y adecuados.

7. Conforme al artículo 6.3 de la LO 3/2007, toda orden de discriminar por razón de sexo:

a) Solo se considera discriminatoria si se ordena discriminar directamente.
b) En ningún caso se puede considerar discriminatoria.
c) En cualquier caso se considera discriminatoria, sea directa o indirecta.

8. En relación con el acoso sexual y el acoso por razón de sexo:

a) La LO 3/2007 equipara ambos conceptos.
b) La diferencia entre ambos radica en que, mientras el primero se circunscribe al ámbito de lo sexual, el segundo supone un tipo de situaciones laborales discriminatorias mucho más amplias, sin tener por qué existir intencionalidad sexual por parte de la persona agresora.
c) Se diferencian en que el primero supone que hay rechazo por parte de la víctima.

9. A los efectos de la LO 3/2007, definimos como acoso sexual:

a) La situación en que una disposición, criterio o práctica aparentemente neutros pone a personas de un sexo en desventaja particular con respecto a personas del otro, salvo que dicha disposición, criterio o práctica puedan justificarse objetivamente en atención a una finalidad legítima y que los medios para alcanzar dicha finalidad sean necesarios y adecuados.
b) Cualquier comportamiento, verbal o físico, de naturaleza sexual que tenga el propósito o produzca el efecto de atentar contra la dignidad de una persona, en particular cuando se crea un entorno intimidatorio, degradante u ofensivo.
c) Todo trato desfavorable a las mujeres relacionado con el embarazo o la maternidad.

10. Conforme al artículo 7.4 de la LO 3/2007, el condicionamiento de un derecho o de una expectativa de derecho a la aceptación de una situación constitutiva de acoso sexual o de acoso por razón de sexo se considerará:

a) Acto de discriminación por razón de sexo.
b) Creación de un entorno intimidatorio, degradante u ofensivo.
c) Anulable y sin efecto.

11. Según el artículo 8 de la LO 3/2007, todo trato desfavorable a las mujeres relacionado con el embarazo o la maternidad constituye:

a) Acoso sexual.
b) Acoso por razón de sexo.
c) Discriminación directa por razón de sexo.

12. En virtud del artículo 9 de la LO 3/2007, cualquier trato adverso o efecto negativo que se produzca en una persona como consecuencia de la presentación por su parte de queja, reclamación, denuncia, demanda o recurso, de cualquier tipo, destinados a impedir su discriminación y a exigir el cumplimiento efectivo del principio de igualdad de trato entre mujeres y hombres, se considerará:

a) Discriminación directa.
b) Discriminación por razón de sexo.
c) Injustificado.

13. Según el artículo 10 de la LO 3/2007, los actos y las cláusulas de los negocios que constituyan o causen discriminación por razón de sexo darán lugar a responsabilidades a través de un sistema de reparaciones o indemnizaciones que sean (señala la respuesta incorrecta):

a) Reales.
b) Disuasivas.
c) Proporcionadas al perjuicio sufrido.

14. Para prevenir la realización de conductas discriminatorias en los actos y las cláusulas de los negocios jurídicos, el artículo 10 de la LO 3/2007 prevé la existencia de un sistema de sanciones eficaz y:

a) Proporcionado.
b) Disuasorio.
c) Cuantificable.

15. Con el fin de hacer efectivo el derecho constitucional de la igualdad, los Poderes Públicos adoptarán medidas específicas en favor de las mujeres para corregir situaciones patentes de desigualdad de hecho respecto de los hombres. Tales medidas, que serán aplicables en tanto subsistan dichas situaciones, habrán de ser en relación con el objetivo perseguido en cada caso razonables y:

a) Justificadas.
b) Transparentes.
c) Proporcionadas.

16. Conforme al artículo 12 de la LO 3/2007, cualquier persona podrá recabar de los tribunales la tutela del derecho a la igualdad entre mujeres y hombres, de acuerdo con lo establecido en el artículo 53.2 de la Constitución:

a) Siempre que la relación en la que supuestamente se produce la discriminación se encuentre vigente.
b) Incluso tras la terminación de la relación en la que supuestamente se ha producido la discriminación.
c) Siempre que se haya dado por terminada la relación en la que supuestamente se produce la discriminación.

17. La capacidad y la legitimación para intervenir en los procesos civiles, sociales y contencioso-administrativos que versen sobre la defensa del derecho de igualdad entre mujeres y hombres, corresponden a:

a) La persona acosada, únicamente.
b) Cualquier ciudadano.
c) Las personas físicas y jurídicas con interés legítimo.

18. La persona acosada será la única legitimada en los litigios:

a) Sobre discriminación directa.
b) Sobre acoso sexual y acoso por razón de sexo.
c) Sobre acoso sexual únicamente.

19. ¿En cuál de las siguientes jurisdicciones la carga de la prueba de no discriminación NO pesa sobre el demandado?

a) Jurisdicción penal.
b) Jurisdicción civil.
c) Jurisdicción contencioso-administrativa.

20. De acuerdo con las leyes procesales, en aquellos procedimientos en los que las alegaciones de la parte actora se fundamenten en actuaciones discriminatorias, por razón de sexo, corresponderá a la persona demandada probar la ausencia de discriminación en las medidas adoptadas y su proporcionalidad. A tales efectos, el órgano judicial:

a) A instancia de parte, podrá recabar, si lo estimase útil y pertinente, informe o dictamen de los organismos públicos competentes.
b) Deberá recabar informe o dictamen de los organismos públicos competentes.
c) De oficio, podrá recabar, si lo estimase útil y pertinente, informe o dictamen de los organismos públicos competentes.

21. Conforme al artículo 2 de la LO 1/2004, un principio rector de esta ley es consagrar los derechos de las mujeres víctimas de violencia de género exigibles ante las Administraciones Públicas, y así asegurar un acceso a los servicios establecidos al efecto, rápido, transparente y:

a) Eficaz.
b) Duradero.
c) Seguro.

22. Según el artículo 2 de la LO 1/2004, uno de los fines a alcanzar a través del conjunto integral de medidas articulado en esta ley es, garantizar derechos económicos para las mujeres víctimas de violencia de género:

a) Así como establecer un sistema para la más eficaz coordinación de los servicios ya existentes a nivel municipal y autonómico.
b) Para asegurar la prevención de los hechos de violencia de género.
c) Con el fin de facilitar su integración social.

23. En relación al derecho a la asistencia jurídica, la Ley Orgánica de Medidas de Protección integral contra la Violencia de Género señala que:

a) En caso de fallecimiento de la víctima, este derecho no podrá asistir a los causahabientes.
b) Las víctimas de violencia de género tienen derecho a recibir asesoramiento jurídico gratuito una vez se haya interpuesto la denuncia.
c) En todo caso, se garantizará la defensa jurídica, gratuita y especializada de forma inmediata a todas las víctimas de violencia de género que lo soliciten.

24. Conforme al artículo 20.7 de la LO 1/2004, ¿pueden las víctimas de violencia de género personarse como acusación particular en cualquier momento del procedimiento?

a) No, sólo en la fase de ordenación.
b) Sí, pudiendo retrotraer y reiterar las actuaciones ya practicadas antes de su personación.
c) Sí, sin que ello permita retrotraer ni reiterar las actuaciones ya practicadas antes de su personación, ni podrá suponer una merma del derecho de defensa del acusado.

25. En relación al derecho de las víctimas de violencia de género a recibir aseso-ramiento jurídico gratuito y a la defensa y representación gratuitas por abogado y procurador en todos los procesos y procedimientos administrativos que tengan causa directa o indirecta en la violencia padecida, NO es cierto que:

a) Este derecho asistirá también a los causahabientes en caso de fallecimiento de la víctima, siempre que no fueran partícipes en los hechos.

b) El abogado designado para la víctima tendrá también habilitación legal para la representación procesal de aquella hasta la designación del procurador, en tanto la víctima no se haya personado como acusación.

c) Las víctimas de violencia de género podrán personarse como acusación particular en cualquier momento del procedimiento pudiéndose retrotraer y reiterar las actuaciones ya practicadas antes de su personación.

Solución al test n.º 3

1. b) Se garantizará incluso en el acceso al trabajo por cuenta propia.

2. b) La tendencia sexual.

3. c) Es un principio informador del ordenamiento jurídico.

4. c) No, si debido a la naturaleza de las actividades profesionales concretas o al contexto en el que se lleven a cabo, dicha característica constituye un requisito profesional esencial y determinante, siempre y cuando el objetivo sea legítimo y el requisito proporcionado.

5. a) Discriminación directa.

6. c) No se considera discriminación indirecta si dicha disposición, criterio o práctica pueden justificarse objetivamente en atención a una finalidad legítima y los medios para alcanzar dicha finalidad son necesarios y adecuados.

7. c) En cualquier caso se considera discriminatoria, sea directa o indirecta.

8. b) La diferencia entre ambos radica en que, mientras el primero se circunscribe al ámbito de lo sexual, el segundo supone un tipo de situaciones laborales discriminatorias mucho más amplias, sin tener por qué existir intencionalidad sexual por parte de la persona agresora.

9. b) Cualquier comportamiento, verbal o físico, de naturaleza sexual que tenga el propósito o produzca el efecto de atentar contra la dignidad de una persona, en particular cuando se crea un entorno intimidatorio, degradante u ofensivo.

10. a) Acto de discriminación por razón de sexo.

11. c) Discriminación directa por razón de sexo.

12. b) Discriminación por razón de sexo.

13. b) Disuasivas.

14. b) Disuasorio.

15. c) Proporcionadas.

16. b) Incluso tras la terminación de la relación en la que supuestamente se ha producido la discriminación.

17. c) Las personas físicas y jurídicas con interés legítimo.

18. b) Sobre acoso sexual y acoso por razón de sexo.

19. a) Jurisdicción penal.

20. a) A instancia de parte, podrá recabar, si lo estimase útil y pertinente, informe o dictamen de los organismos públicos competentes.

21. a) Eficaz.

22. c) Con el fin de facilitar su integración social.

23. c) En todo caso, se garantizará la defensa jurídica, gratuita y especializada de forma inmediata a todas las víctimas de violencia de género que lo soliciten.

24. c) Sí, sin que ello permita retrotraer ni reiterar las actuaciones ya practicadas antes de su personación, ni podrá suponer una merma del derecho de defensa del acusado.

25. c) Las víctimas de violencia de género podrán personarse como acusación particular en cualquier momento del procedimiento pudiéndose retrotraer y reiterar las actuaciones ya practicadas antes de su personación.

TEST N.º 4

Ley Orgánica 3/2018, de 5 de diciembre, de Protección de Datos Personales y garantía de los derechos digitales

1. ¿En virtud de qué principio previsto por el Reglamento General de Protección de Datos, los datos personales serán adecuados, pertinentes y limitados a lo necesario en relación con los fines para los que son tratados?

a) Principio de limitación de la finalidad.
b) Principio de responsabilidad proactiva.
c) Principio de minimización de datos.

2. Según el artículo 5 del Reglamento (UE) 2016/679, de 27 de abril, relativo a la protección de las personas físicas en lo que respecta al tratamiento de datos personales y a la libre circulación de estos datos, los datos personales serán tratados, en relación con el interesado, de manera lícita, leal y:

a) Fiable.
b) Segura.
c) Transparente.

3. Según el Reglamento (UE) 2016/679, de 27 de abril, relativo a la protección de las personas físicas en lo que respecta al tratamiento de datos personales y a la libre circulación de estos datos, para poder considerar que el consentimiento del interesado para el tratamiento de sus datos personales es inequívoco:

a) Se requerirá declaración jurada del interesado donde manifieste su conformidad.
b) Se precisa contrato de cesión de datos personales.
c) Deberá existir una declaración del interesado o una acción positiva que manifieste su conformidad.

4. El RGPD lo define como la persona física o jurídica, autoridad pública, servicio u otro organismo que trate datos personales por cuenta del responsable del tratamiento:

a) El Delegado.
b) El Encargado.
c) El Representante.

5. Conforme al artículo 5.1 de la LO 3/2018, estarán sujetas al deber de confidencialidad:
a) Únicamente los responsables del tratamiento.
b) Los responsables y encargados del tratamiento.
c) Los responsables y encargados del tratamiento de datos así como todas las personas que intervengan en cualquier fase de este.

6. Conforme a los artículos 4.11 del RGPD y 6.1 de la LO 3/2018, se entiende por consentimiento del afectado la aceptación, ya sea mediante una declaración o una clara acción afirmativa, del tratamiento de datos personales que le conciernen manifestada por voluntad libre, de forma específica, informada e/y:

a) Detallada.
b) Unitaria.
c) Inequívoca.

7. Cuando se pretenda fundar el tratamiento de los datos en el consentimiento del afectado para una pluralidad de finalidades:

a) Será preciso que conste de manera específica e inequívoca que dicho consentimiento se otorga para todas ellas.
b) Será necesario demostrar que el afectado consintió expresamente e inequívocamente en alguna de las finalidades y, que el resto de finalidades están claramente relacionadas con aquella.
c) El responsable debe demostrar la adecuación de las distintas finalidades a un único objeto.

8. Los datos personales serán tratados de tal manera que se garantice una seguridad adecuada de los mismos, incluida la protección contra el tratamiento no autorizado o ilícito y contra su pérdida, destrucción o daño accidental, mediante la aplicación de medidas técnicas u organizativas apropiadas; todo ello en virtud del principio de:

a) Responsabilidad proactiva.
b) Integridad y confidencialidad.
c) Limitación de la finalidad.

9. Conforme al principio de limitación de la finalidad, los datos personales serán recogidos con fines determinados, explícitos y:

a) Limitados.
b) Transparentes.
c) Legítimos.

10. El tratamiento de datos personales solo podrá considerarse fundado en el cumplimiento de una misión realizada en interés público o en el ejercicio de poderes públicos conferidos al responsable cuando derive de una competencia atribuida por:

a) Una norma con rango de ley.
b) La Ley Orgánica 3/2018, de 5 de diciembre, de Protección de Datos Personales y garantía de los derechos digitales.
c) Un Reglamento.

11. Conforme al artículo 9 de la LO 3/2018, de 5 de diciembre, de Protección de Datos Personales y garantía de los derechos digitales, ¿cuál de los siguientes tratamientos de categorías especiales de datos fundados en el Derecho español deberá estar amparado en una norma con rango de ley?

a) Tratamiento necesario con fines de archivo en interés público, fines de investigación científica o histórica.
b) Tratamiento efectuado, en el ámbito de sus actividades legítimas y con las debidas garantías, por una fundación, una asociación o cualquier otro organismo sin ánimo de lucro, cuya finalidad sea política, filosófica, religiosa o sindical, siempre que el tratamiento se refiera exclusivamente a los miembros actuales o antiguos de tales organismos o a personas que mantengan contactos regulares con ellos en relación con sus fines y siempre que los datos personales no se comuniquen fuera de ellos sin el consentimiento de los interesados
c) Tratamiento necesario para fines de medicina preventiva o laboral, evaluación de la capacidad laboral del trabajador, diagnóstico médico, prestación de asistencia o tratamiento de tipo sanitario o social, o gestión de los sistemas y servicios de asistencia sanitaria y social.

12. Según el artículo 7.1 de la LO 3/2018, el tratamiento de los datos personales de un menor de edad únicamente podrá fundarse en su consentimiento cuando sea mayor de:

a) 12 años.
b) 14 años.
c) 16 años.

13. Según el Reglamento General de Protección de Datos, cuando los datos personales no se hayan obtenido del interesado, el responsable del tratamiento le facilitará, entre otras informaciones, los fines del tratamiento a que se destinan los datos personales, así como la base jurídica del tratamiento. El responsable del tratamiento facilitará la información dentro de un plazo razonable, una vez obtenidos los datos personales, y a más tardar dentro de:

a) 10 días hábiles.
b) 20 días.
c) 1 mes.

14. El derecho a la portabilidad de los datos:

a) Se podrá aplicar a los tratamientos que sean necesario para el cumplimiento de una misión realizada en interés público o en el ejercicio de poderes públicos conferidos al responsable del tratamiento.
b) A diferencia de otros derechos, podrá afectar negativamente a los derechos y libertades de otros.
c) Requiere que el tratamiento se efectúe por medios automatizados.

15. Conforme al RGPD ¿puede facilitarse la información al interesado de forma verbal?

a) No, en ningún caso.
b) Sí, siempre que lo solicite el interesado.
c) Sí, cuando lo solicite el interesado y se pueda demostrar su identidad por otros medios.

16. Conforme al RGPD, la información al interesado sobre la base de una solicitud será facilitada por el responsable del tratamiento en el plazo de un mes a partir de la recepción de la solicitud. Teniendo en cuenta la complejidad y el número de solicitudes, dicho plazo será prorrogado:

a) 15 días más.
b) Un mes más.
c) Otros dos meses.

17. Según el artículo 12.4 de la LO 3/2018, la prueba del cumplimiento del deber de responder a la solicitud de ejercicio de sus derechos formulado por el afectado recaerá:

a) Sobre el responsable del tratamiento.
b) Sobre el encargado del tratamiento.
c) Bien sobre el responsable o bien sobre el encargado.

18. Conforme al artículo 17 del RGPD, el derecho de supresión no se podrá aplicar cuando:

a) Los datos personales ya no sean necesarios en relación con los fines para los que fueron recogidos o tratados de otro modo.
b) Los datos personales se hayan obtenido en relación con la oferta de servicios de la sociedad de la información.
c) Los datos personales sean necesarios para ejercer el derecho a la libertad de expresión e información.

19. Conforme al artículo 18 del RGPD, el interesado tendrá derecho a obtener del responsable del tratamiento la limitación del tratamiento de los datos:

a) Cuando los datos personales ya no sean necesarios en relación con los fines para los que fueron recogidos o tratados de otro modo.
b) Para que el interesado pueda ejercer el derecho a la libertad de expresión e información.
c) Cuando el interesado impugne la exactitud de los datos personales, durante un plazo que permita al responsable verificar la exactitud de los mismos.

20. En relación al derecho de portabilidad, es cierto que:

a) El ejercicio de este derecho impide el ejercicio del derecho de supresión.
b) Al ejercer su derecho a la portabilidad de los datos, el interesado tendrá que transmitir los datos directamente al nuevo responsable de los mismos.
c) No podrá afectar negativamente a los derechos y libertades de otros.

21. En referencia al derecho de oposición, el artículo 21 del RGPD señala que:

a) Cuando el tratamiento de datos personales tenga por objeto la mercadotecnia directa, el interesado tendrá derecho a oponerse en todo momento al tratamiento de los datos personales que le conciernan.
b) A más tardar en el momento de la segunda comunicación con el interesado, el derecho de oposición será mencionado explícitamente al interesado y será presentado claramente y al margen de cualquier otra información.
c) Aun cuando el tratamiento de datos personales tenga por objeto la mercadotecnia directa, el interesado no podrá oponerse a la elaboración de perfiles relacionada con la citada mercadotecnia.

22. El tratamiento de datos personales relativos a condenas e infracciones penales, solo podrá llevarse a cabo cuando se encuentre amparado, de entre las siguientes, en:

a) Una norma de Derecho de la Unión Europea.
b) Un Decreto.
c) Una norma con rango reglamentario.

23. Según la Ley Orgánica 3/2018 de Protección de Datos Personales y garantía de los derechos digitales, se podrá considerar repetitivo el derecho del ejercicio de acceso en más de una ocasión durante el plazo de:

a) 6 meses.
b) 1 mes.
c) 12 meses.

24. Para que el tratamiento de datos personales relativos al incumplimiento de obligaciones dinerarias, financieras o de crédito por sistemas comunes de información crediticia, se presuma lícito, los datos únicamente se mantendrán en el sistema mientras persista el incumplimiento, con el límite máximo, desde la fecha de vencimiento de la obligación dineraria, financiera o de crédito, de:

a) Un año.
b) Tres años.
c) Cinco años.

25. Salvo cuando los datos hubieran de ser conservados para acreditar la comisión de actos que atenten contra la integridad de personas, bienes o instalaciones, los datos del tratamiento de imágenes a través de sistemas de cámaras o videocámaras serán suprimidos en el plazo máximo, desde su captación, de:

a) 15 días.
b) Un mes.
c) Tres meses.

Solución al test n.º 4

1. c) Principio de minimización de datos.

2. c) Transparente.

3. c) Deberá existir una declaración del interesado o una acción positiva que manifieste su conformidad.

4. b) El Encargado.

5. c) Los responsables y encargados del tratamiento de datos así como todas las personas que intervengan en cualquier fase de este.

6. c) Inequívoca.

7. a) Será preciso que conste de manera específica e inequívoca que dicho consentimiento se otorga para todas ellas.

8. b) Integridad y confidencialidad.

9. c) Legítimos.

10. a) Una norma con rango de ley.

11. c) Tratamiento necesario para fines de medicina preventiva o laboral, evaluación de la capacidad laboral del trabajador, diagnóstico médico, prestación de asistencia o tratamiento de tipo sanitario o social, o gestión de los sistemas y servicios de asistencia sanitaria y social.

12. b) 14 años.

13. c) 1 mes.

14. c) Requiere que el tratamiento se efectúe por medios automatizados.

15. c) Sí, cuando lo solicite el interesado y se pueda demostrar su identidad por otros medios.

16. c) Otros dos meses.

17. a) Sobre el responsable del tratamiento.

18. c) Los datos personales sean necesarios para ejercer el derecho a la libertad de expresión e información.

19. c) Cuando el interesado impugne la exactitud de los datos personales, durante un plazo que permita al responsable verificar la exactitud de los mismos.

20. c) No podrá afectar negativamente a los derechos y libertades de otros.

21. a) Cuando el tratamiento de datos personales tenga por objeto la mercadotecnia directa, el interesado tendrá derecho a oponerse en todo momento al tratamiento de los datos personales que le conciernan.

22. a) Una norma de Derecho de la Unión Europea.

23. a) 6 meses.

24. c) Cinco años.

25. b) Un mes.

PARTE ESPECÍFICA

Ley 39/2015, de 1 de octubre, del Procedimiento Administrativo Común de las Administraciones Públicas (I)

1. De acuerdo con el artículo 13 de la Ley 39/2015, de 1 de octubre, de Procedimiento Administrativo Común de las Administraciones Públicas, las personas que tienen capacidad de obrar conforme al artículo 3 de la Ley 39/2015, de 1 de octubre, de Procedimiento Administrativo Común de las Administraciones Públicas, en sus relaciones con las Administraciones Públicas, tienen los siguientes derechos:

a) A obtener información y confección de los documentos jurídicos o técnicos que las disposiciones vigentes impongan a los proyectos, actuaciones o solicitudes que se propongan realizar.

b) Al acceso a los registros y archivos de las Administraciones Públicas en los términos previstos en la Constitución y en la Ley 30/1992, de 26 de noviembre.

c) Al acceso a la información pública, archivos y registros de acuerdo con lo previsto en la Ley 19/2013, de 9 de diciembre, de transparencia, acceso a la información pública y buen gobierno y el resto del Ordenamiento Jurídico.

2. En relación con la lengua de los procedimientos, señala la afirmación falsa; de acuerdo con el artículo 15 de la Ley 39/2015, de 1 de octubre, de Procedimiento Administrativo Común de las Administraciones Públicas:

a) La lengua de los procedimientos tramitados por la Administración General del Estado será el español.

b) Los interesados que se dirijan a los órganos de la Administración General del Estado con sede en el territorio de una Comunidad Autónoma podrán utilizar también la lengua que sea cooficial en ella.

c) En los procedimientos tramitados por las Administraciones de las Comunidades Autónomas y de las Entidades Locales, el uso de la lengua se ajustará a lo previsto en la legislación autonómica correspondiente.

3. Conforme al artículo 19.1 de la Ley 39/2015, de 1 de octubre, de Procedimiento Administrativo Común de las Administraciones Públicas, la comparecencia de los ciudadanos ante las oficinas públicas solo será obligatoria cuando así esté previsto en una norma con rango de:

a) Ley.
b) Decreto.
c) Orden.

4. Si un interesado de una Comunidad Autónoma con lengua oficial específica se dirige a un órgano de la Administración General del Estado sito en su Comunidad, y concurren varios interesados y existiera discrepancia en cuanto a la lengua, el procedimiento se ha de tramitar en:

a) Castellano necesariamente.
b) Su lengua oficial exclusivamente.
c) Cualquiera de las dos anteriores, a su opción.

5. Según la Ley 39/2015, de 1 de octubre, en todo caso, estarán obligados a relacionarse a través de medios electrónicos con las Administraciones Públicas para la realización de cualquier trámite de un procedimiento administrativo:

a) Aquellos colectivos de personas físicas que por razón de su capacidad económica, técnica, dedicación profesional u otros motivos quede acreditado que tienen acceso y disponibilidad de los medios electrónicos necesarios.
b) Quienes representen a un interesado.
c) Las entidades sin personalidad jurídica.

6. Conforme a lo dispuesto en la ley 39/2015, de 1 de octubre, del Procedimiento Administrativo Común de las Administraciones Públicas, la comparecencia de las personas ante las oficinas públicas, ya sea presencialmente o por medios electrónicos:

a) Solo será obligatoria cuando así esté previsto en una norma con rango de ley.
b) Solo será obligatoria cuando lo disponga una disposición de carácter reglamentario.
c) Será potestativa, y a instancia de la unidad administrativa.

7. En relación con la lengua de los procedimientos, señala la respuesta correcta:

a) La lengua de los procedimientos tramitados por la Administración General del Estado será el español.
b) Si concurrieran varios interesados en el procedimiento, el procedimiento se tramitará en castellano.
c) Los interesados que se dirijan a los órganos de la Administración General del Estado con sede en el territorio de una Comunidad Autónoma podrán utilizar también la lengua que sea cooficial en ella.

8. Cada Administración, en los términos establecidos en la normativa reguladora aplicable, deberá mantener un archivo electrónico único de los documentos electrónicos que correspondan a:

a) Procedimientos iniciados.
b) Procedimientos en trámite.
c) Procedimientos finalizados.

9. Conforme a lo dispuesto en la ley 39/2015, de 1 de octubre, del Procedimiento Administrativo Común de las Administraciones Públicas, los interesados en un procedimiento que conozcan datos que permitan identificar a otros interesados que no hayan comparecido en él tienen:

a) El derecho de denunciarlos.
b) El deber de denunciarlos.
c) El deber de proporcionárselos a la Administración actuante.

10. Las Administraciones podrán establecer reglamentariamente la obligación de relacionarse con ellas a través de medios electrónicos para determinados procedimientos, conforme al artículo 14 de la Ley 39/2015, de 1 de octubre, de Procedimiento Administrativo Común de las Administraciones Públicas:

a) Las personas jurídicas.
b) Las entidades sin personalidad jurídica.
c) Para ciertos colectivos de personas físicas que por razón de su capacidad económica, técnica, dedicación profesional u otros motivos quede acreditado que tienen acceso y disponibilidad de los medios electrónicos necesarios.

11. Según dispone el art. 15.2 de la Ley 39/2015, de 1 de octubre, en los procedimientos tramitados por las Administraciones de las Comunidades Autónomas y de las Entidades Locales, el uso de la lengua se ajustará a lo previsto:

a) En la normativa estatal.
b) En la legislación autonómica correspondiente.
c) En la legislación municipal correspondiente.

12. ¿Quiénes de los siguientes sujetos estarán obligados, en todo caso, a relacionarse a través de medios electrónicos con las Administraciones públicas para la realización de cualquier trámite de un procedimiento administrativo?

a) Las entidades sin personalidad jurídica.
b) Quienes representen a un interesado que esté obligado a relacionarse electrónicamente con la Administración.
c) Las personas jurídicas.

13. ¿Cómo denomina la Ley 39/2015, de 1 de octubre, del Procedimiento Administrativo Común de las Administraciones Públicas, al Registro con el que ha de contar cada Administración donde se hará el correspondiente asiento de todo documento que sea presentado o que se reciba en cualquier órgano administrativo, Organismo público o Entidad vinculado o dependiente a estos?

a) Registro General.
b) Registro Único Electrónico.
c) Registro Electrónico General.

14. ¿Qué artículo de la Ley 39/2015, de 1 de octubre, del Procedimiento Administrativo Común de las Administraciones Públicas regula los derechos de las personas en sus relaciones con las Administraciones públicas?

a) El artículo 12.
b) El artículo 13.
c) El artículo 14.

15. ¿Quiénes de los siguientes están obligados a relacionarse a través de medios electrónicos con las Administraciones públicas para la realización de cualquier trámite de un procedimiento administrativo?

a) Las entidades sin personalidad jurídica.
b) Los empleados de las Administraciones públicas para los trámites y actuaciones que realicen con ellas por razón de su condición de empleado público.
c) Las personas jurídicas.

16. Señala cuál de los siguientes no es uno de los derechos de las personas en sus relaciones con las Administraciones públicas contemplados en el art. 13 de la Ley 39/2015, de 1 de octubre:

a) A ser tratados con respeto y preferencia por las autoridades y empleados públicos, que habrán de facilitarles el ejercicio de sus derechos y el cumplimiento de sus obligaciones.
b) A ser asistidos en el uso de medios electrónicos en sus relaciones con las Administraciones públicas.
c) A comunicarse con las Administraciones públicas a través de un Punto de Acceso General electrónico de la Administración.

17. Señala la respuesta incorrecta respecto al derecho y obligación de relacionarse electrónicamente con las Administraciones públicas:

a) En todo caso, estarán obligados a relacionarse a través de medios electrónicos con las Administraciones públicas para la realización de cualquier trámite de un procedimiento administrativo las personas jurídicas.

b) Una vez elegido el medio por la persona para comunicarse con las Administraciones públicas no podrá ser modificado.

c) Reglamentariamente, las Administraciones podrán establecer la obligación de relacionarse con ellas a través de medios electrónicos para determinados procedimientos y para ciertos colectivos de personas físicas que por razón de su capacidad económica, técnica, dedicación profesional u otros motivos quede acreditado que tienen acceso y disponibilidad de los medios electrónicos necesarios.

18. ¿Qué artículo de la LPACAP reconoce, a quienes tengan capacidad de obrar ante las Administraciones públicas, el derecho a comunicarse con las Administraciones públicas a través de un Punto de Acceso General electrónico de la Administración?

a) El art. 19.
b) El art. 17.
c) El art. 13.

19. Señala en dónde no podrán los interesados presentar los documentos que dirijan a los órganos de las Administraciones Públicas:

a) En las representaciones diplomáticas u oficinas consulares de España en el extranjero.
b) En las oficinas de Correos y empresas de paquetería, en la forma que reglamentariamente se establezca.
c) En las oficinas de asistencia en materia de registros.

20. Los medios o soportes en que se almacenen documentos deberán contar con medidas de seguridad, de acuerdo con lo previsto en el Esquema Nacional de Seguridad, que garanticen:

a) La integridad, autenticidad, confidencialidad, calidad, igualdad, protección y conservación de los documentos almacenados.
b) La integridad, autenticidad, confidencialidad, calidad, protección y conservación de los documentos almacenados.
c) La integridad, autenticidad, confidencialidad, publicidad, calidad, protección y conservación de los documentos almacenados.

21. ¿Cuándo dispone la Ley 39/2015, de 1 de octubre, del Procedimiento Administrativo Común de las Administraciones Públicas, que será obligatoria la comparecencia de las personas ante las oficinas públicas, ya sea presencialmente o por medios electrónicos?

a) Siempre.
b) Nunca.
c) Cuando así esté previsto en una norma con rango de ley.

22. ¿Cuál de los siguientes no es un derecho de los ciudadanos en sus relaciones con las Administraciones públicas?

a) El acceso a la información pública, archivos y registros.

b) A obtener y utilizar los medios de identificación y firma electrónica que figuran en la Ley 39/2015.

c) A no presentar documentos no exigidos por las normas aplicables al procedimiento de que se trate, o que ya se encuentren en poder de cualquier Administración.

23. Los medios o soportes en que se almacenen documentos, deberán contar con medidas de seguridad que garanticen la integridad, autenticidad, confidencialidad, calidad, protección y conservación de los documentos almacenados, de acuerdo con lo previsto en:

a) El Esquema Nacional de Seguridad.

b) La Lista de confianza de prestadores de servicios de certificación.

c) La Agencia Española de Seguridad Informática.

24. Los medios o soportes en que se almacenen documentos asegurarán:

a) La identificación de los usuarios.

b) El control de accesos.

c) Ambas respuestas son correctas.

25. Las Administraciones públicas entregarán al interesado certificación acreditativa de la comparecencia:

a) En todo caso.

b) Nunca.

c) Cuando el interesado así lo solicite.

Solución al test n.º 5

1. c) Al acceso a la información pública, archivos y registros de acuerdo con lo previsto en la Ley 19/2013, de 9 de diciembre, de transparencia, acceso a la información pública y buen gobierno y el resto del Ordenamiento Jurídico.

2. a) La lengua de los procedimientos tramitados por la Administración General del Estado será el español.

3. a) Ley.

4. a) Castellano necesariamente.

5. c) Las entidades sin personalidad jurídica.

6. a) Solo será obligatoria cuando así esté previsto en una norma con rango de ley.

7. c) Los interesados que se dirijan a los órganos de la Administración General del Estado con sede en el territorio de una Comunidad Autónoma podrán utilizar también la lengua que sea cooficial en ella.

8. c) Procedimientos finalizados.

9. c) El deber de proporcionárselos a la Administración actuante.

10. c) Para ciertos colectivos de personas físicas que por razón de su capacidad económica, técnica, dedicación profesional u otros motivos quede acreditado que tienen acceso y disponibilidad de los medios electrónicos necesarios.

11. b) En la legislación autonómica correspondiente.

12. c) Todos los anteriores.

13. c) Registro Electrónico General.

14. b) El artículo 13.

15. c) Todas las respuestas son correctas.

16. a) A ser tratados con respeto y preferencia por las autoridades y empleados públicos, que habrán de facilitarles el ejercicio de sus derechos y el cumplimiento de sus obligaciones.

17. b) Una vez elegido el medio por la persona para comunicarse con las Administraciones públicas no podrá ser modificado.

18. c) El art. 13.

19. b) En las oficinas de Correos y empresas de paquetería, en la forma que reglamentariamente se establezca.

20. b) La integridad, autenticidad, confidencialidad, calidad, protección y conservación de los documentos almacenados.

21. c) Cuando así esté previsto en una norma con rango de ley.

22. c) A no presentar documentos no exigidos por las normas aplicables al procedimiento de que se trate, o que ya se encuentren en poder de cualquier Administración.

23. a) El Esquema Nacional de Seguridad.

24. c) Ambas respuestas son correctas.

25. c) Cuando el interesado así lo solicite.

TEST N.º 6-7-8

Ley 39/2015, de 1 de octubre, del Procedimiento Administrativo Común de las Administraciones Públicas (II): Los actos administrativos
La práctica de la notificación
Nulidad y anulabilidad

1. Señala la respuesta incorrecta. Según el artículo 35 de la Ley 39/2015, de 1 de octubre, de Procedimiento Administrativo Común de las Administraciones Públicas, serán motivados, con sucinta referencia de hechos y fundamentos de Derecho:

a) Los actos que limiten derechos subjetivos o intereses legítimos.

b) Los actos que resuelvan procedimientos de revisión de oficio de disposiciones o actos administrativos, recursos administrativos, reclamaciones previas a la vía judicial y procedimientos de arbitraje.

c) Los actos declarativos de derechos.

2. De acuerdo con el artículo 39 de la Ley 39/2015, de 1 de octubre, de Procedimiento Administrativo Común de las Administraciones Públicas, con carácter general, los actos de las Administraciones Públicas sujetos al Derecho Administrativo se presumirán válidos y producirán efectos desde:

a) La fecha en que se dicten, salvo que en ellos se disponga otra cosa.

b) Su notificación.

c) Su publicación.

3. En relación con las notificaciones en papel, de acuerdo con lo dispuesto en el artículo 42 de la Ley 39/2015, de 1 de octubre, de Procedimiento Administrativo Común de las Administraciones Públicas de los actos administrativos, señala la respuesta incorrecta:

a) Se notificarán a los interesados las resoluciones y actos administrativos que afecten a sus derechos e intereses.

b) Toda notificación deberá ser cursada dentro del plazo de diez días a partir de la fecha en que el acto haya sido dictado.

c) En los procedimientos iniciados a solicitud del interesado, la notificación se practicará en el domicilio del interesado. Cuando ello no fuera posible, en cualquier lugar adecuado a tal fin.

4. Conforme al artículo 45 de la Ley 39/2015, de 1 de octubre, de Procedimiento Administrativo Común de las Administraciones Públicas, la publicación sustituirá a la notificación surtiendo sus mismos efectos en los siguientes casos:

a) Cuando el acto tenga por destinatario a una persona jurídica.

b) Cuando la Administración estime que la notificación efectuada a un solo interesado es insuficiente para garantizar la notificación a todos, siendo, en este último caso, adicional a la notificación efectuada.

c) En los procedimientos iniciados a solicitud del interesado.

5. De acuerdo con el artículo 47 de la Ley 39/2015, de 1 de octubre, de Procedimiento Administrativo Común de las Administraciones Públicas, los actos de las Administraciones Públicas son nulos de pleno derecho en los casos siguientes:

a) Los actos de la Administración que incurran en cualquier infracción del ordenamiento jurídico.

b) Los actos dictados por órgano manifiestamente incompetente por razón de la jerarquía.

c) Los actos que tengan un contenido imposible.

6. Son anulables, de acuerdo con el artículo 48.1 de la Ley 39/2015, de 1 de octubre, de Procedimiento Administrativo Común de las Administraciones Públicas:

a) Los actos de la Administración que incurran en cualquier infracción del ordenamiento jurídico, incluso la desviación de poder.

b) Los actos dictados prescindiendo total y absolutamente del procedimiento legalmente establecido o de las normas que contienen las reglas esenciales para la formación de la voluntad de los órganos colegiados.

c) Los actos expresos o presuntos contrarios al ordenamiento jurídico por los que se adquieren facultades o derechos cuando se carezca de los requisitos esenciales para su adquisición.

7. Conforme con el artículo 48.2 de la Ley 39/2015, de 1 de octubre, de Procedimiento Administrativo Común de las Administraciones Públicas, el defecto de forma de los actos de las Administraciones Públicas solo determinará la anulabilidad:

a) Siempre.

b) Nunca.

c) Cuando el acto carezca de los requisitos formales, dando lugar a la indefensión de los interesados.

8. La Administración podrá convalidar los actos anulables, subsanando los vicios de que adolezcan. Si el vicio consistiera en incompetencia no determinante de nulidad, la convalidación podrá realizarse, de conformidad con el artículo 52.3 de la Ley 39/2015, de 1 de octubre, de Procedimiento Administrativo Común de las Administraciones Públicas, por:

a) El órgano competente cuando sea inferior jerárquico del que dictó el acto viciado.
b) El órgano competente cuando sea superior jerárquico del que dictó el acto viciado.
c) El órgano competente por razón de la materia.

9. En relación con la forma de los actos administrativos, señala la respuesta incorrecta:

a) Los actos administrativos se producirán por escrito a través de medios electrónicos, a menos que su naturaleza exija otra forma más adecuada de expresión y constancia.
b) En los casos en que los órganos administrativos ejerzan su competencia de forma verbal, la constancia escrita del acto, cuando sea necesaria, se efectuará y firmará por el titular del órgano superior, expresando en la comunicación del mismo la autoridad de la que procede.
c) Si se tratara de resoluciones, el titular de la competencia deberá autorizar una relación de las que haya dictado de forma verbal, con expresión de su contenido.

10. Son actos anulables de acuerdo con el artículo 48 de la Ley 39/2015, de 1 de octubre, de Procedimiento Administrativo Común de las Administraciones Públicas:

a) Los de contenido imposible.
b) Los que carezcan de los requisitos formales indispensables para alcanzar su fin.
c) Los dictados prescindiendo total y absolutamente de los procedimientos legalmente establecidos para ellos.

11. De todas las resoluciones citadas a continuación, ¿cuáles de ellas no necesitarán ser motivadas?

a) Las que sigan el criterio seguido en actuaciones precedentes.
b) Los acuerdos de suspensión de actos.
c) Las que se dicten en el ejercicio de potestades discrecionales.

12. ¿En qué casos un defecto de forma determinará la anulabilidad del acto?

a) Cuando carezcan de los requisitos formales indispensables para alcanzar su fin o dé lugar a indefensión.
b) Cuando sean insubsanables.
c) Solo en los casos en los que se dé lugar a indefensión.

13. Señala la respuesta incorrecta. Cuando una Administración Pública tenga que dictar, en el ámbito de sus competencias, un acto que necesariamente tenga por base otro dictado por una Administración Pública distinta y aquella entienda que es ilegal:

a) Podrá requerir a la otra Administración previamente para que anule o revise el acto de acuerdo con lo dispuesto en el artículo 44 de la Ley 29/1998, de 13 de julio, reguladora de la Jurisdicción Contencioso-Administrativa.

b) Realizado el requerimiento y al ser rechazado este, podrá interponer recurso contencioso-administrativo.

c) Realizado el requerimiento y al ser rechazado este, podrá interponer recurso de revisión.

14. Las notificaciones administrativas por medios electrónicos requerirán para su validez:

a) El señalamiento explícito de dicho medio de notificación en el momento de iniciación del procedimiento.

b) El establecimiento de este sistema por medio de una norma de rango legal.

c) El acceso a su contenido, momento a partir del cual la notificación se entenderá practicada a todos los efectos legales.

15. Por regla general una notificación electrónica se entenderá rechazada con los efectos previstos en el artículo 43.2 de la Ley 39/2015, de 1 de octubre, del Procedimiento Administrativo Común de las Administraciones Públicas, cuando teniendo constancia de la puesta a disposición transcurran:

a) Diez días hábiles sin que se acceda a su contenido.

b) Diez días naturales desde que se accedió al contenido sin existir respuesta.

c) Diez días naturales sin que se acceda al contenido.

16. Señala cuál de las siguientes afirmaciones es falsa conforme a la Ley 39/2015, de 1 de octubre:

a) Las resoluciones administrativas de carácter particular no podrán vulnerar lo establecido en una disposición de carácter general, aunque aquellas procedan de un órgano de igual jerarquía al que dictó la disposición general.

b) Toda notificación deberá ser cursada dentro del plazo de quince días a partir de la fecha en que el acto haya sido dictado.

c) Los actos administrativos se producirán por escrito a través de medios electrónicos, a menos que su naturaleza exija otra forma más adecuada de expresión y constancia.

17. ¿Cuál de los siguientes actos es susceptible de convalidación por parte de la Administración subsanando los vicios de que adolezcan?

a) El dictado por órgano manifiestamente incompetente por razón de la materia.

b) El dictado prescindiendo total y absolutamente de las normas que contienen las reglas esenciales para la formación de la voluntad de los órganos colegiados.

c) El dictado por órgano incompetente en razón de su jerarquía.

18. Cuando los actos administrativos limiten derechos subjetivos o intereses legítimos:

a) No tendrán que ser motivados si no ponen fin al procedimiento.
b) Solo serán motivados si no se dictan en el ejercicio de potestades administrativas.
c) Tendrán que ser motivados, con sucinta referencia de hechos y fundamentos de derechos.

19. Según establece el artículo 40 de la Ley 39/2015, de 1 de octubre, de Procedimiento Administrativo Común de las Administraciones Públicas, toda notificación deberá ser cursada:

a) Dentro del plazo de 10 días a partir de la fecha en que el acto haya sido dictado.
b) Dentro del plazo de 15 días a partir de la fecha en que el acto haya sido dictado.
c) Dentro del plazo de 1 mes a partir de la fecha en que el acto haya sido dictado.

20. Según el artículo 35 de la Ley 39/2015, de 1 de octubre, de Procedimiento Administrativo Común de las Administraciones Públicas, los actos que se separen del criterio seguido en actuaciones precedentes o del dictamen de órganos consultivos deben ser:

a) Discrecionales.
b) Motivados.
c) Inválidos.

21. Conforme al artículo 35 de la Ley 39/2015, del Procedimiento Administrativo Común de las Administraciones Públicas, los actos administrativos que resuelven recursos, necesariamente habrán de ser:

a) Inimpugnables.
b) Motivados.
c) Discrecionales.

22. Como norma general, los actos administrativos serán válidos y producirán efectos salvo que, en ellos, se disponga otra cosa:

a) Los 20 días de dictarse el acto.
b) Desde que se aprueben por el superior jerárquico.
c) Desde que se dicten.

23. La nulidad o anulabilidad en parte del acto administrativo:

a) Implicará la de las partes del mismo independientes de aquella.
b) Implicará la de las partes del mismo independientes de aquella, salvo cuando la administración proceda a la convalidación del acto.
c) No implicará necesariamente la de las partes del mismo independientes de aquella.

24. Los actos de las Administraciones Públicas no son nulos de pleno derecho en los casos siguientes:

a) Los que lesionen los derechos y libertades susceptibles de amparo constitucional.
b) Los que tengan un contenido imposible.
c) Los que sean constitutivos de infracción administrativa y se dicten como consecuencia de esta.

25. En cuanto a los actos dictados por un órgano administrativo incompetente por razón del territorio:

a) Serán anulables.
b) Serán nulos.
c) Habrá una mera irregularidad de forma.

26. Según la Ley 39/2015, de 1 de octubre, en alguno de los siguientes supuestos no estamos ante un acto nulo de pleno derecho. Señala en cuál:

a) El dictado por órgano manifiestamente incompetente por razón de materia o territorio.
b) El que lesione derechos o libertades susceptibles de amparo constitucional.
c) El que incurra en cualquier infracción del ordenamiento jurídico.

27. Conforme a la Ley 39/2015, de 1 octubre, de Procedimiento Administrativo Común de las Administraciones Públicas, la notificación a los interesados de las resoluciones y actos administrativos que afecten a sus derechos e intereses deberá ser cursada dentro del plazo de:

a) Diez días naturales a partir de la fecha en que el acto haya sido dictado.
b) Diez días hábiles a partir del día siguiente a aquel en que el acto haya sido dictado.
c) Diez días naturales a partir del día siguiente a aquel en que el acto haya sido dictado.

28. El órgano competente para la resolución de un expediente está preparando el oportuno acto administrativo. Indica, según la Ley 39/2015, de 1 octubre, de Procedimiento Administrativo Común de las Administraciones Públicas, qué acto de entre los siguientes estará exento de la obligación de ser motivado:

a) Los que resuelvan procedimientos de arbitraje.
b) Los acuerdos de aplicación de la ampliación de plazos.
c) Los que sigan el dictamen de órganos consultivos.

29. Según la Ley 39/2015, de 1 octubre, de Procedimiento Administrativo Común de las Administraciones Públicas, podrá quedar demorada la eficacia de un acto administrativo:

a) Cuando esté supeditada a su publicación.
b) Cuando esté supeditada a su aprobación por un órgano inferior.
c) Cuando no lo exija el contenido del acto.

30. Con arreglo al principio de inderogabilidad singular del artículo 37 de la Ley 39/2015, de 1 de octubre, del Procedimiento Administrativo Común de las Administraciones Públicas, las resoluciones administrativas que vulneren lo establecido en una disposición reglamentaria son:

a) Nulas.
b) Anulables.
c) Ineficaces.

31. En relación con la práctica de las notificaciones en papel, el artículo 42.2 de la Ley 39/2015, de 1 de octubre, del Procedimiento Administrativo Común de las Administraciones Públicas, establece que si nadie se hiciera cargo de la notificación, se hará constar esta circunstancia en el expediente, junto con el día y la hora en que se intentó la notificación, intento que se repetirá por una sola vez y en una hora distinta dentro de los:

a) Tres días siguientes. En caso de que el primer intento de notificación se haya realizado antes de las catorce horas, el segundo intento deberá realizarse después de las catorce horas y viceversa, dejando en todo caso al menos un margen de diferencia de tres horas entre ambos intentos de notificación.
b) Dos días siguientes. En caso de que el primer intento de notificación se haya realizado antes de las catorce horas, el segundo intento deberá realizarse después de las catorce horas y viceversa, dejando en todo caso al menos un margen de diferencia de dos horas entre ambos intentos de notificación.
c) Tres días siguientes. En caso de que el primer intento de notificación se haya realizado antes de las quince horas, el segundo intento deberá realizarse después de las quince horas y viceversa, dejando en todo caso al menos un margen de diferencia de tres horas entre ambos intentos de notificación.

32. Cuando se ignore el lugar de notificación de los interesados en un procedimiento:

a) Previamente a la publicación de un anuncio en el Boletín Oficial de Estado y con carácter preceptivo las Administraciones deberán publicar un anuncio en el Boletín Oficial de la Comunidad Autónoma del último domicilio del interesado.
b) Previamente a la publicación de un anuncio en el Boletín Oficial de Estado y con carácter preceptivo las Administraciones deberán publicar un anuncio en el Boletín Oficial de la provincia del último domicilio del interesado.
c) La notificación se hará por medio de un anuncio publicado en el Boletín Oficial del Estado.

33. Según establece la Ley 39/2015, de 1 de octubre, de Procedimiento Administrativo Común de las Administraciones Públicas:

a) No podrá ser convalidado en ningún caso el acto anulable viciado por falta de alguna autorización.
b) El órgano que anule las actuaciones dispondrá siempre la conservación de aquellos actos cuyo contenido se hubiera mantenido igual de no haberse cometido la infracción.
c) El defecto de forma determinará en todo caso la anulabilidad del acto administrativo.

34. Según establece la Ley 39/2015, de 1 de octubre, de Procedimiento Administrativo Común de las Administraciones Públicas, la notificación a los interesados de los actos administrativos que afecten a sus derechos e intereses:

a) Deberá ser cursada dentro del plazo de diez días a partir de la fecha en que el acto haya sido dictado.

b) Deberá ser cursada dentro del plazo de quince días a partir de la fecha en que el acto haya sido dictado.

c) Deberá ser cursada dentro del plazo de veinte días a partir de la fecha en que el acto haya sido dictado.

35. Según establece la Ley 39/2015, de 1 de octubre, de Procedimiento Administrativo Común de las Administraciones Públicas:

a) Los actos administrativos se producirán siempre por escrito.

b) En ningún caso podrá otorgarse eficacia retroactiva a los actos administrativos cuando se dicten en sustitución de actos anulados.

c) Los acuerdos de suspensión de actos administrativos, cualquiera que sea el motivo de esta, serán motivados.

36. De acuerdo con lo establecido en la Ley 39/2015, de 1 de octubre, de Procedimiento Administrativo Común de las Administraciones Públicas, las resoluciones administrativas de carácter particular:

a) No podrán vulnerar lo establecido en una disposición de carácter general.

b) Podrán vulnerar lo establecido en una disposición de carácter general, si la autoridad que la dicta es de igual o superior rango a la que dictó la de carácter general.

c) Podrán vulnerar lo establecido en una disposición de carácter general dependiendo de a quién se refieran.

37. Conforme a lo establecido en la Ley 39/2015, de 1 de octubre, de Procedimiento Administrativo Común de las Administraciones Públicas, ¿en cuál de estos casos no podrá la Administración Pública convalidar un acto administrativo?

a) Si el acto es anulable subsanando los vicios de que adolezca.

b) Si el acto está dictado por un órgano manifiestamente incompetente por razón de la materia.

c) Si el acto adolece de un defecto de forma porque carece de los requisitos formales indispensables para alcanzar su fin.

38. Según la Ley 39/2015, de 1 de octubre, del Procedimiento Administrativo Común de las Administraciones Públicas, cuando la notificación por medios electrónicos sea de carácter obligatorio o elegida por el interesado se podrá entender rechazada cuando hayan transcurrido:

a) Diez días hábiles sin que el interesado acceda a su contenido.

b) Diez días desde la puesta a disposición sin que se acceda a su contenido.

c) Diez días naturales desde su puesta a disposición sin que se acceda a su contenido.

39. ¿En cuál de estos casos la publicación sustituirá a la notificación administrativa surtiendo sus mismos efectos, según la Ley 39/2015, de 1 octubre, de Procedimiento Administrativo Común de las Administraciones Públicas?

a) Siempre que el acto tenga varios interesados.

b) Cuando el acto forme parte de un procedimiento urgente y sumario.

c) Cuando se trate de actos integrantes de un procedimiento selectivo.

40. Indica qué actos o disposiciones son anulables:

a) Los actos expresos o presuntos contrarios al ordenamiento jurídico por los que se adquieren facultades o derechos cuando se carezca de los requisitos esenciales para su adquisición.

b) Los actos de la Administración que incurran en cualquier infracción del ordenamiento jurídico, incluso la desviación de poder.

c) Las disposiciones administrativas que establezcan la retroactividad de disposiciones sancionadoras no favorables o restrictivas de derechos individuales.

41. Según la Ley 39/2015, de 1 octubre, de Procedimiento Administrativo Común de las Administraciones Públicas, ¿cuándo se entiende practicada la notificación por medios electrónicos?

a) A los tres días del envío del aviso de la puesta a disposición del acto objeto de notificación.

b) En el momento en que se accede a la puesta a disposición del interesado del acto objeto de notificación.

c) En el momento en que se produzca el acceso al contenido del acto notificado.

42. En la práctica de las notificaciones por medios electrónicos, según lo establecido en el artículo 43 de la Ley 39/2015, de 1 de octubre, del Procedimiento Administrativo Común de las Administraciones Públicas, señala cuál de las siguientes afirmaciones es incorrecta:

a) Se llevarán a cabo mediante comparecencia en la sede electrónica de la Administración u Organismo actuante, a través de la dirección electrónica habilitada únicamente o mediante ambos sistemas, según disponga cada Administración u Organismo.

b) Se entenderán practicadas en el momento en que se produzca el acceso a su contenido.

c) Cuando la notificación por medios electrónicos sea de carácter obligatorio, se entenderá rechazada cuando hayan transcurrido 10 días hábiles desde la puesta a disposición de la notificación sin que se acceda a su contenido.

43. De conformidad con lo previsto en el artículo 47.1 de la Ley 39/2015, de 1 de octubre, del Procedimiento Administrativo Común de las Administraciones Públicas, son causas de nulidad de pleno derecho de los actos de las Administraciones Públicas:

a) Los dictados por órgano incompetente por razón del territorio.

b) Los dictados prescindiendo del procedimiento legalmente establecido o de las normas que contienen las reglas para la formación de la voluntad de los órganos colegiados.

c) Los que sean constitutivos de infracción administrativa o se dicten como consecuencia de esta.

44. Según el artículo 35 de la Ley 39/2015, de 1 de octubre del Procedimiento Administrativo Común de las AAPP, entre otros, serán motivados los actos administrativos cuando:

a) Resuelvan procedimientos de revisiones de oficio.

b) Admitan las pruebas propuestas por los interesados.

c) Reconozcan derechos subjetivos.

45. Indica, de conformidad con el artículo 52 de la Ley 39/2015, de 1 de octubre, del Procedimiento Administrativo Común de las Administraciones Públicas, la respuesta correcta sobre la convalidación de actos:

a) Cuando el vicio consista en incompetencia determinante de nulidad, podrá convalidarse por el órgano superior jerárquico del que dictó el acto viciado.

b) La Administración podrá convalidar los actos nulos de pleno derecho, subsanando los vicios de que adolezcan.

c) Si el vicio consistiese en la falta de alguna autorización, se podrá convalidar el acto mediante el otorgamiento de la misma por el órgano competente.

46. Indica qué acto administrativo debe ser objeto de motivación según el artículo 35 de la Ley 39/2015, de 1 de octubre, del Procedimiento Administrativo Común de las Administraciones Públicas:

a) El requerimiento de subsanación de una solicitud presentada por el interesado.

b) Un acto de trámite que no se separe del criterio seguido en actuaciones precedentes.

c) La propuesta de resolución en un procedimiento sancionador.

47. Según el principio de inderogabilidad singular de los reglamentos recogido en la Ley 39/2015, de 1 de octubre, del Procedimiento Administrativo Común de las Administraciones Públicas:

a) Las resoluciones administrativas de carácter particular no podrán vulnerar lo establecido en una disposición de carácter general, aunque aquellas procedan de un órgano de igual o superior jerarquía al que dictó la disposición general.

b) Las resoluciones administrativas de carácter particular pueden contradecir lo establecido en una disposición de carácter general cuando procedan de un órgano de igual o superior jerarquía al que dictó la disposición general.

c) Las resoluciones administrativas de carácter particular solo pueden vulnerar lo establecido en una disposición de carácter general cuando procedan de un órgano superior.

48. Según lo dispuesto en la Ley 39/2015, de 1 de octubre, del Procedimiento Administrativo Común de las Administraciones Públicas, señala la respuesta correcta en relación con la práctica de las notificaciones en papel:

a) Cuando la notificación se practique en el domicilio del interesado, de no hallarse presente este en el momento de entregarse la notificación, podrá hacerse cargo de la misma cualquier persona mayor de 13 años que se encuentre en el domicilio y haga constar su identidad.

b) Si nadie se hiciera cargo de la notificación, se hará constar esta circunstancia en el expediente, junto con el día y la hora en que se intentó la notificación, intento que se repetirá por una sola vez y en una hora distinta dentro de las 48 horas siguientes.

c) Todas las notificaciones que se practiquen en papel deberán ser puestas a disposición del interesado en la sede electrónica de la Administración u Organismo actuante para que pueda acceder al contenido de las mismas de forma voluntaria.

49. En relación con el artículo 47 de la Ley 39/2015, señala qué actos de las Administraciones Públicas son nulos de pleno derecho en todo caso:

a) Los que incurran en cualquier infracción del ordenamiento jurídico, incluso la desviación de poder.

b) Los que sean dictados fallando alguna autorización.

c) Los actos expresos o presuntos contrarios al ordenamiento jurídico por los que se adquieren facultades o derechos cuando se carezca de los requisitos esenciales para su adquisición.

50. La inderogabilidad singular de los reglamentos significa que:

a) Un reglamento no puede derogar parcialmente a otro reglamento.

b) Las resoluciones administrativas de carácter particular no pueden vulnerar lo establecido en una disposición de carácter general, aunque aquellas procedan de un órgano de igual o superior jerarquía al que dictó la disposición general.

c) Las resoluciones administrativas de carácter particular no pueden vulnerar lo establecido en una disposición de carácter general, salvo que aquellas procedan de un órgano de igual o superior jerarquía al que dictó la disposición general.

51. De conformidad con la Ley 39/2015, del Procedimiento Administrativo Común de las Administraciones Públicas, en relación con las resoluciones y actos administrativos y sus notificaciones:

a) Para que sean válidas las resoluciones administrativas de carácter particular que se opongan a lo establecido en una disposición de carácter general, bastará con que procedan de un órgano de igual o superior jerarquía al que dictó la disposición general.

b) La Administración no podrá convalidar en ningún caso los actos anulables, aunque se subsanen los vicios de que adolezcan.

c) Las normas y actos dictados por los órganos de las Administraciones Públicas en el ejercicio de su propia competencia deberán ser observadas por el resto de los órganos administrativos, aunque no dependan jerárquicamente entre sí o pertenezcan a otra Administración.

52. Según establece la Ley 39/2015, del Procedimiento Administrativo Común de las Administraciones Públicas, en relación con notificaciones infructuosas, la notificación, con carácter obligatorio, se hará:

a) Por medio de un anuncio publicado en el Boletín Oficial del Estado.

b) Por medio de un anuncio en el Boletín Oficial del Estado y en el Boletín de la Comunidad Autónoma correspondiente.

c) Por medio de un anuncio en el Boletín Oficial del Estado y en el Boletín de la Comunidad Autónoma correspondiente, así como en el tablón de edictos del Ayuntamiento del último domicilio del interesado.

53. Según dispone la Ley 39/2015, del Procedimiento Administrativo Común de las Administraciones Públicas, cuando el interesado en el procedimiento fuera notificado por distintos cauces, se tomará como fecha de notificación la de aquella que:

a) Se pone a disposición en la sede electrónica de la Administración que tramita el procedimiento.

b) Fue remitida y notificada en papel.

c) Se hubiera producido en primer lugar.

54. Un acto dictado por un órgano incompetente por razón de la jerarquía:

a) Puede ser convalidado.

b) Solo puede convalidarse si es de trámite.

c) No puede ser convalidado.

55. De las siguientes respuestas relativas a la nulidad en los actos administrativos, según la Ley 39/2015, del Procedimiento Administrativo Común de las Administraciones Públicas, ¿encuentras alguna que sea incorrecta?

a) El acto nulo no puede ser objeto de convalidación.

b) Los actos nulos que, sin embargo, contengan los elementos constitutivos de otro distinto no producirán los efectos de este.

c) La Administración podrá en cualquier momento declarar la nulidad.

56. La definición de que los actos de la Administración serán válidos y producirán efectos desde la fecha en que se dicten, salvo que en ellos se disponga otra cosa, responde a determinado principio; ¿sabes cuál es?

a) Presunción de validez de los actos administrativos.
b) Presunción de calidad.
c) Presunción de oficialidad.

57. De acuerdo con la Ley 39/2015, del Procedimiento Administrativo Común de las Administraciones Públicas, son actos anulables:

a) Los de contenido imposible.
b) Los que carezcan de los requisitos formales indispensables para alcanzar su fin.
c) Los dictados prescindiendo total y absolutamente de los procedimientos legalmente establecidos para ellos.

58. No han de ser necesariamente motivados los actos administrativos que:

a) Resuelven recursos.
b) Se separen del dictamen de los órganos consultivos.
c) Reconozcan el derecho de una licencia de apertura.

59. ¿En cuál de los siguientes supuestos queda demorada la eficacia de un acto administrativo?

a) Si se trata de actos dictados para sustituir a otros que han sido anulados.
b) Cuando dicho acto incurre en desviación de poder.
c) Cuando así lo exija el contenido del acto.

60. Conforme al artículo 47 de la Ley 39/2015, del Procedimiento Administrativo Común de las Administraciones Públicas, los actos de la Administración son nulos de pleno derecho si:

a) Se dictan fuera del plazo.
b) Se dictan sin seguir, en forma estricta, el procedimiento establecido.
c) Son dictados prescindiendo total y absolutamente del procedimiento legalmente previsto.

61. Los actos dictados prescindiendo total y absolutamente de las normas que contienen las reglas esenciales de la formación de la voluntad de los órganos colegiados, según el artículo 47 de la Ley 39/2015, del Procedimiento Administrativo Común de las Administraciones Públicas, son:

a) Anulables.
b) Nulos de pleno derecho.
c) Irregulares.

62. A tenor de lo dispuesto en la Ley 39/2015, del Procedimiento Administrativo Común de las Administraciones Públicas, ¿quién acordará la conservación de los actos?

a) Será el superior jerárquico del autor del acto nulo.
b) Será el propio órgano autor del acto nulo.
c) Será el órgano que acordó la nulidad.

63. El ordenamiento jurídico prevé la convalidación de ciertos actos administrativos que adolecen de vicios. Señala cuáles se encuentran en ese supuesto:

a) Los dictados por órgano manifiestamente incompetente por razón de la materia.
b) Los constitutivos de delito.
c) Los anulables.

64. Un acto que carezca de los requisitos de forma indispensable para alcanzar su fin, según el artículo 48 de la Ley 39/2015, del Procedimiento Administrativo Común de las Administraciones Públicas, es:

a) Nulo.
b) Irregular.
c) Anulable.

65. De acuerdo con el artículo 48 de la Ley 39/2015, del Procedimiento Administrativo Común de las Administraciones Públicas, cuando la Administración dicta un acto administrativo incurriendo en desviación de poder, dicho acto es:

a) Nulo de pleno derecho.
b) Anulable.
c) Impugnable en vía administrativa.

66. La conversión de los actos administrativos se aplica, conforme a la Ley 39/2015, del Procedimiento Administrativo Común de las Administraciones Públicas:

a) A los actos nulos solo.
b) A los actos anulables solo.
c) A los actos anulables y nulos.

67. Los actos administrativos que limiten derechos subjetivos, necesariamente, según el artículo 35 de la Ley 39/2015, del Procedimiento Administrativo Común de las Administraciones Públicas habrán de ser:

a) Inimpugnables.
b) Motivados.
c) Discrecionales.

68. De acuerdo con la Ley 39/2015, del Procedimiento Administrativo Común de las Administraciones Públicas, el contenido del acto administrativo debe ser:

a) Posible, formal y causal.
b) Posible, objetivo y causal.
c) Posible, lícito, determinado y adecuado a sus fines.

69. Según la Ley 39/2015, del Procedimiento Administrativo Común de las Administraciones Públicas, el acto de convalidación producirá efectos:a) Cuando se notifique, salvo lo dispuesto en el artículo 37.3 de la misma ley para la retroactividad de los actos administrativos:

a) Cuando se publique, salvo lo dispuesto en el artículo 39.3 de la misma ley para la retroactividad de los actos administrativos.
b) Desde su fecha, salvo lo dispuesto en el artículo 37.3 de la misma ley para la retroactividad de los actos administrativos.
c) Desde su fecha, salvo lo dispuesto en el artículo 39.3 de la misma ley para la retroactividad de los actos administrativos.

70. No son nulos de pleno derecho los actos administrativos que, según el artículo 47 de la Ley 39/2015, del Procedimiento Administrativo Común de las Administraciones Públicas:

a) Limiten derechos subjetivos.
b) Lesionen derechos y libertades susceptibles de amparo constitucional.
c) Dictados por órgano manifiestamente incompetente por razón de la materia.

71. En la notificación de todo acto administrativo no es necesario que conste siempre:

a) Su texto íntegro.
b) Los recursos que contra el mismo procedan.
c) Los motivos en que se basa la decisión.

72. Conforme a la Ley 39/2015, del Procedimiento Administrativo Común de las Administraciones Públicas, para que un acto tenga eficacia retroactiva es necesario que:

a) Limite derechos de los particulares.
b) Restrinja el ejercicio de facultades de los particulares.
c) No se lesionen derechos legítimos de otras personas.

73. Cuando el Delegado Territorial de una Consejería de Agricultura de una Co-munidad Autónoma de una Provincia concreta resuelve una solicitud en materia propia de la Delegación Territorial de una Consejería de Empleo de distinta Provin-cia, incurre en una incompetencia:

a) Material y jerárquica.
b) Territorial y jerárquica.
c) Material y territorial.

74. Cuando un órgano administrativo, al dictar un acto, se desvía de un dicta-men vinculante de un órgano consultivo, según el artículo 48 de la Ley 39/2015, del Procedimiento Administrativo Común de las Administraciones Públicas:

a) Vicia el acto de que se trate.
b) Debe motivar el acto.
c) No puede hacerlo.

75. Cuando un órgano administrativo, al dictar un acto, se separa de un dicta-men facultativo, según el artículo 45 de la Ley 39/2015, del Procedimiento Adminis-trativo Común de las Administraciones Públicas:

a) Vicia el acto.
b) Debe motivarlo.
c) No puede hacerlo.

76. Las Administraciones públicas:

a) No pueden dictar actos administrativos.
b) Pueden dictar actos administrativos.
c) Solamente pueden dictar actos administrativos de forma excepcional.

77. Los actos administrativos que dicten las Administraciones públicas se pro-ducirán por el órgano competente ajustándose a los requisitos y al procedimiento establecido:

a) Y siempre se dictan de oficio.
b) Y siempre se dictan a instancia de parte.
c) Dictados de oficio o a instancia de parte.

78. Serán motivados, con sucinta referencia de hechos y fundamentos de derecho:

a) Los actos que limiten derechos subjetivos o intereses legítimos.
b) Los acuerdos de aplicación de la tramitación de urgencia, de ampliación de plazos y de realización de actuaciones complementarias.
c) Todas las respuestas anteriores son correctas.

79. Serán motivados, con sucinta referencia de hechos y fundamentos de derecho:

a) Los actos que acuerden la terminación del procedimiento por la imposibilidad material de continuarlo por causas sobrevenidas, así como los que acuerden el desistimiento por la Administración en procedimientos iniciados de oficio.

b) Las propuestas de resolución en los procedimientos de carácter sancionador, así como los actos que resuelvan procedimientos de carácter sancionador o de responsabilidad patrimonial.

c) Todas las respuestas anteriores son correctas.

80. Los acuerdos de aplicación de la tramitación de urgencia, de ampliación de plazos y de realización de actuaciones complementarias:

a) Serán motivados, con sucinta referencia de hechos y fundamentos de derecho.

b) No es necesario que se motiven.

c) Serán motivados con la justificación de los hechos.

81. Los actos que rechacen pruebas propuestas por los interesados:

a) Serán motivados, con sucinta referencia de hechos y fundamentos de derecho.

b) No es necesario que se motiven.

c) Serán motivados con la justificación de los hechos.

82. La motivación de los actos que pongan fin a los procedimientos selectivos y de concurrencia competitiva se realizará de conformidad con lo que dispongan las normas que regulen sus convocatorias:

a) Debiendo, en todo caso, quedar acreditados en el procedimiento los fundamentos de la resolución que se adopte.

b) Se recomienda la acreditación en el procedimiento de los fundamentos de la resolución que se adopte.

c) No es necesaria la acreditación en el procedimiento de los fundamentos de la resolución que se adopte.

83. Dispone la norma que los actos administrativos se producirán:

a) Oralmente, de forma habitual.

b) Por escrito o de forma oral.

c) Por escrito a través de medios electrónicos, a menos que su naturaleza exija otra forma más adecuada de expresión y constancia.

84. En los casos en que los órganos administrativos ejerzan su competencia de forma verbal:

a) La constancia escrita del acto, cuando sea necesaria, se efectuará y firmará por el titular del órgano inferior o funcionario que la reciba oralmente, expresando en la comunicación del mismo la autoridad de la que procede.

b) No se requiere de constancia escrito del mismo.

c) La constancia escrita del acto, cuando sea necesaria, se efectuará y firmará por el titular del órgano o funcionario que la emita oralmente.

85. Cuando deba dictarse una serie de actos administrativos de la misma naturaleza, tales como nombramientos, concesiones o licencias:

a) Deben constar en actos separados.

b) Podrán refundirse en un único acto, acordado por el órgano competente, que especificará las personas u otras circunstancias que individualicen los efectos del acto para cada interesado.

c) Podrán constar en un único acto en el que conste la información de forma generalizada.

86. Cuando se deban dictar nombramientos y concesiones administrativos, de la misma naturaleza:

a) Deben constar en actos separados.

b) Podrán refundirse en un único acto, acordado por el órgano competente, que especificará las personas u otras circunstancias que individualicen los efectos del acto para cada interesado.

c) Podrán constar en un único acto en el que conste la información de forma generalizada.

87. Cuando se deban dictar licencias y concesiones administrativas, de la misma naturaleza:

a) Deben constar en actos separados.

b) Podrán refundirse en un único acto, acordado por el órgano competente, que especificará las personas u otras circunstancias que individualicen los efectos del acto para cada interesado.

c) Podrán constar en un único acto en el que conste la información de forma generalizada.

88. Las resoluciones administrativas de carácter particular:

a) No podrán vulnerar lo establecido en una disposición de carácter general.

b) Podrán vulnerar lo establecido en una disposición de carácter general.

c) No tienen por qué respetar lo establecido en una disposición de carácter general.

89. Las resoluciones administrativas de carácter particular no podrán vulnerar lo establecido en una disposición de carácter general:

a) Aunque aquellas procedan de un órgano de igual o superior jerarquía al que dictó la disposición general.

b) Solo se permite si el órgano que dictó la resolución es de igual jerarquía.

c) Solo se permite si el órgano que dictó la resolución es de jerarquía superior.

90. Las resoluciones administrativas que vulneren lo establecido en una disposición reglamentaria:

a) Son válidas.
b) Son convalidables.
c) Son nulas.

91. Los actos de las Administraciones públicas sujetos al Derecho Administrativo:

a) No serán ejecutivos de ninguna forma.
b) Serán ejecutivos con arreglo a lo dispuesto en esta ley.
c) Siempre serán ejecutivos.

92. Los actos de las Administraciones públicas sujetos al Derecho Administrativo:

a) Se presumirán válidos y producirán efectos desde la fecha en que se dicten, salvo que en ellos se disponga otra cosa.
b) Siempre son válidos y producen efectos.
c) No son válidos hasta que producen efectos.

93. La eficacia de los actos:

a) Nunca puede ser demorada.
b) Quedará demorada cuando así lo exija el contenido del acto.
c) Son correctas las respuestas a) y b).

94. Los actos:

a) Nunca pueden tener eficacia retroactiva.
b) Con carácter general, gozan de eficacia retroactiva.
c) Excepcionalmente, podrá otorgarse eficacia retroactiva a los actos.

95. Podrá otorgarse eficacia retroactiva:

a) Siempre y en todo caso.
b) Excepcionalmente, a los actos cuando se dicten en sustitución de actos anulados.
c) Excepcionalmente, a los actos cuando se dicten en sustitución de actos convalidados.

96. Podrá otorgarse eficacia retroactiva:

a) Siempre, cuando se trate de actos nulos.
b) Excepcionalmente, cuando produzcan efectos favorables al interesado.
c) Son correctas las respuestas a) y b).

97. Las normas y actos dictados por los órganos de las Administraciones públicas en el ejercicio de su propia competencia:

a) Deberán ser observadas observados por el resto de los órganos administrativos, aunque no dependan jerárquicamente entre sí o pertenezcan a otra Administración.

b) Deberán ser observadas observados por el resto de los órganos administrativos, solo en el caso de que dependan jerárquicamente entre sí.

c) Deberán ser observadas observados por el resto de los órganos administrativos, solo si pertenecen a otra Administración.

98. Ante el caso de que un órgano administrativo reciba una norma dictada por un órgano de la Administración pública en el ejercicio de su propia competencia:

a) No está vinculado por la misma.

b) Solo está vinculado por la misma si el órgano administrativo que debe cumplirla depende jerárquicamente del que la ha dictado.

c) Está vinculado en todo caso.

99. Ante el caso de que un órgano administrativo reciba un acto dictado por un órgano de la Administración pública en el ejercicio de su propia competencia:

a) No está vinculado por el mismo.

b) Solo está vinculado por el mismo si el órgano administrativo que debe cumplirlo depende jerárquicamente del que la ha dictado.

c) Está vinculado en todo caso.

100. Cuando una Administración pública tenga que dictar, en el ámbito de sus competencias, un acto que necesariamente tenga por base otro dictado por una Administración pública distinta y aquella entienda que es ilegal:

a) Debe dictarlo.

b) Podrá requerir a esta previamente para que anule o revise el acto.

c) No podrá requerir a esta previamente para que anule o revise el acto.

101. En el caso en el que una Administración pública que tenga que dictar, en el ámbito de sus competencias, un acto que necesariamente tenga por base otro dictado por una Administración pública distinta y aquella entienda que es ilegal, y haya requerido previamente a esta segunda para que anule o revise el acto de acuerdo con lo dispuesto en la normativa:

a) Deberá estarse a lo que le diga la Administración que dictó el acto de base.

b) Podrá decidir cómo actuar.

c) Deberá esperar a las indicaciones de un superior jerárquico.

102. En el caso en que se interponga un recurso contencioso-administrativo por el rechazo ante el requerimiento a una Administración para que anule o revise el acto de acuerdo con lo dispuesto en el artículo 44 de la Ley 29/1998, de 13 de julio:

a) Quedará suspendido el procedimiento para dictar resolución.
b) Seguirá transcurriendo el plazo para dictar la resolución.
c) Se establecerá un nuevo plazo para dictar la resolución.

103. El órgano que dicte las resoluciones y actos administrativos:

a) Los notificará a los interesados cuyos derechos e intereses sean afectados por aquéllaquellos.
b) Los debe notificar a todo el mundo.
c) Los debe comunicar públicamente pero solamente a los interesados.

104. La notificación de la resolución administrativa a los interesados debe ser cursada:

a) Dentro del plazo de dos días a partir de la fecha emisión de la misma.
b) Dentro del plazo de cinco días a partir de la fecha emisión de la misma.
c) Dentro del plazo de diez días a partir de la fecha emisión de la misma.

105. La notificación del acto administrativo a los interesados debe ser cursada:

a) Dentro del plazo de dos días a partir de la fecha en que el acto haya sido dictado.
b) Dentro del plazo de cinco días a partir de la fecha en que el acto haya sido dictado.
c) Dentro del plazo de diez días a partir de la fecha en que el acto haya sido dictado.

106. La notificación del acto administrativo a los interesados debe contener:

a) El texto íntegro de la resolución, con indicación de si pone fin o no a la vía administrativa.
b) La expresión de los recursos que procedan, en su caso, en vía administrativa y judicial
c) Todas las respuestas anteriores son correctas.

107. Las notificaciones que, conteniendo el texto íntegro del acto, omitiesen alguno de los demás requisitos previstos legalmente:

a) No producirán efecto alguno.
b) Surtirán efecto a partir de la fecha en que el interesado realice actuaciones que supongan el conocimiento del contenido y alcance de la resolución o acto objeto de la notificación, o interponga cualquier recurso que proceda.
c) Producirán efectos en todo caso.

108. Indica la respuesta correcta:

a) A los solos efectos de entender cumplida la obligación de notificar dentro del plazo máximo de duración de los procedimientos, será suficiente que la notificación contenga, cuando menos, el texto íntegro de la resolución, así como el intento de notificación debidamente acreditado.

b) A los solos efectos de entender cumplida la obligación de notificar dentro del plazo máximo de duración de los procedimientos, será suficiente que la notificación contenga, cuando menos, el intento de notificación debidamente acreditado.

c) A los solos efectos de entender cumplida la obligación de notificar dentro del plazo máximo de duración de los procedimientos, será suficiente que la notificación contenga la información que se pueda facilitar.

109. Cuando la resolución administrativa tenga por destinatario más de un interesado:

a) No se podrá hacer traslado de la misma.

b) Las Administraciones públicas podrán adoptar las medidas que consideren necesar as para la protección de los datos personales que consten en la misma.

c) Se permite exceptuar la protección de datos establecida de forma habitual por la ley.

110. Cuando el acto administrativo tenga por destinatario más de un interesado:

a) No se podrá hacer traslado del mismo.

b) Las Administraciones públicas podrán adoptar las medidas que consideren necesarias para la protección de los datos personales que consten en el mismo.

c) Se permite exceptuar la protección de datos establecida de forma habitual por la ley.

111. Las notificaciones se practicarán:

a) Preferentemente por medios electrónicos y, en todo caso, cuando el interesado resulte obligado a recibirlas por esta vía.

b) Preferentemente por escrito en documento papel y, en todo caso, cuando el interesado resulte obligado a recibirlas por esta vía.

c) Solo por medios electrónicos.

112. Las notificaciones:

a) Nunca se realizarán por medios electrónicos.

b) Se deben realizar por medios electrónicos cuando el interesado esté obligado a recibirlas por esta vía.

c) Solo se van a realizar por medios electrónicos si el interesado está de acuerdo.

113. Las Administraciones podrán practicar las notificaciones por medios no electrónicos:

a) Nunca.
b) Siempre.
c) Cuando la notificación se realice con ocasión de la comparecencia espontánea del interesado o su representante en las oficinas de asistencia en materia de registro y solicite la comunicación o notificación personal en ese momento.

114. Las Administraciones podrán practicar las notificaciones por medios no electrónicos:

a) Nunca.
b) Siempre.
c) Cuando para asegurar la eficacia de la actuación administrativa resulte necesario practicar la notificación por entrega directa de un empleado público de la Administración notificante.

115. Indica la respuesta correcta:

a) Con independencia del medio utilizado, las notificaciones serán válidas siempre que permitan tener constancia de su envío o puesta a disposición, de la recepción o acceso por el interesado o su representante, de sus fechas y horas, del contenido íntegro, y de la identidad fidedigna del remitente y destinatario de la misma. La acreditación de la notificación efectuada se incorporará al expediente.
b) Con independencia del medio utilizado, las notificaciones serán válidas siempre que permitan tener constancia de su envío o puesta a disposición, de la recepción o acceso por el interesado o su representante, de sus fechas y horas, del contenido íntegro, y de la identidad fidedigna del remitente y destinatario de la misma. No es necesario contar con la acreditación de la notificación efectuada en el expediente.
c) Las notificaciones serán válidas cuando se tiene constancia de su envío o puesta a disposición y la recepción o acceso por el interesado o su representante.

116. Las Administraciones podrán establecer la obligación de practicar electrónicamente las notificaciones para determinados procedimientos:

a) Por ley.
b) Por reglamento.
c) Por orden.

117. Las Administraciones podrán establecer la obligación de practicar electrónicamente las notificaciones para ciertos colectivos de personas físicas que por razón de su capacidad económica, técnica, dedicación profesional u otros motivos quede acreditado que tienen acceso y disponibilidad de los medios electrónicos necesarios:

a) Por ley.
b) Por reglamento.
c) Por orden.

118. El interesado podrá identificar un dispositivo electrónico y/o una dirección de correo electrónico que servirán para el envío de los avisos regulados en el artículo 41 de la Ley 39/2015:

a) Y para las notificaciones.
b) Pero no para la práctica de notificaciones.
c) Para la práctica de notificaciones si el interesado así lo establece.

119. Según la normativa, aquellas en las que el acto a notificar vaya acompañado de elementos que no sean susceptibles de conversión en formato electrónico:

a) Se podrá notificar por medios electrónicos en la medida de lo que se pueda.
b) No se podrán notificar por medios electrónicos.
c) Se notificará en parte a través de medios electrónicos y en formato papel.

120. Según la normativa, aquellas notificaciones que contengan medios de pago a favor de los obligados, tales como cheques:

a) Se podrá notificar por medios electrónicos en la medida de lo que se pueda.
b) No se podrán notificar por medios electrónicos.
c) Se notificará en parte a través de medios electrónicos y en formato papel.

121. Establece la normativa que en ningún caso se efectuará por medio electrónico la siguiente notificación:

a) Aquellas en las que el acto a notificar vaya acompañado de elementos que no sean susceptibles de conversión en formato electrónico.
b) Las que contengan medios de pago a favor de los obligados, tales como cheques.
c) Son correctas las respuestas a) y b).

122. En los procedimientos iniciados a solicitud del interesado:

a) La notificación se practicará por el medio señalado al efecto por aquel.
b) La notificación se practicará por el medio señalado al efecto por la Administración pública.
c) La notificación se practicará por el medio señalado al efecto por cualquier interesado.

123. En los procedimientos iniciados a solicitud del interesado:

a) La notificación será electrónica en los casos en los que exista obligación de relacionarse de esta forma con la Administración.
b) La notificación siempre será electrónica.
c) La notificación nunca podrá ser electrónica.

124. Cuando no fuera posible realizar la notificación de acuerdo con lo señalado en la solicitud:

a) Se dará por no notificado.
b) Se practicará en cualquier lugar adecuado a tal fin.
c) Son correctas las respuestas a) y b).

125. En los procedimientos iniciados de oficio, las Administraciones públicas podrán recabar, mediante consulta a las bases de datos del Instituto Nacional de Estadística, los datos sobre el domicilio del interesado recogidos en el Padrón Municipal, remitidos por las Entidades Locales:

a) A los solos efectos de su iniciación.
b) A todos los efectos.
c) Para su conclusión.

126. Cuando el interesado o su representante rechace la notificación de una actuación administrativa:

a) Se hará constar en el expediente, especificándose las circunstancias del intento de notificación y el medio, dando por efectuado el trámite y siguiéndose el procedimiento.
b) Se paralizará el procedimiento.
c) No es necesario registrarlo en el expediente.

127. Las Administraciones públicas enviarán un aviso al dispositivo electrónico y/o a la dirección de correo electrónico del interesado que este haya comunicado, informándole de la puesta a disposición de una notificación en la sede electrónica de la Administración u Organismo correspondiente o en la dirección electrónica habilitada única:

a) Para el caso en que la notificación sea electrónica.
b) Con independencia de que la notificación se realice en papel o por medios electrónicos.
c) Para el caso en que la notificación se realice en papel.

128. Las Administraciones públicas enviarán un aviso al dispositivo electrónico y/o a la dirección de correo electrónico del interesado que este haya comunicado, informándole de la puesta a disposición de una notificación en la sede electrónica de la Administración u Organismo correspondiente o en la dirección electrónica habilitada única. La falta de práctica de este aviso:

a) Anula todo el procedimiento.
b) Cancela el procedimiento.
c) No impedirá que la notificación sea considerada plenamente válida.

129. Cuando el interesado fuera notificado por distintos cauces:

a) Se invalida la comunicación.

b) Se tomará como fecha de notificación la de aquella que se hubiera producido en primer lugar.

c) Se tomará como fecha de notificación la de aquella que se hubiera producido en último lugar.

130. Todas las notificaciones que se practiquen en papel:

a) Se deben registrar.

b) Deberán ser puestas a disposición del interesado en la sede electrónica de la Administración u Organismo actuante para que pueda acceder al contenido de las mismas de forma voluntaria.

c) Deben ser comunicadas con quince días de antelación.

131. Cuando la notificación se practique en el domicilio del interesado, de no hallarse presente este en el momento de entregarse la notificación:

a) Nunca se podrá realizar la misma.

b) Podrá hacerse cargo de la misma cualquier persona mayor de catorce años que se encuentre en el domicilio y haga constar su identidad.

c) Podrá hacerse cargo de la misma cualquier persona mayor de dieciséis años que se encuentre en el domicilio y haga constar su identidad.

132. Si nadie se hiciera cargo de la notificación:

a) Se hará constar esta circunstancia en el expediente, junto con el día y la hora en que se intentó la notificación, intento que se repetirá por una sola vez y en una hora distinta dentro de los tres días siguientes.

b) En caso de que el primer intento de notificación se haya realizado antes de las quince horas, el segundo intento deberá realizarse después de las quince horas y viceversa, dejando en todo caso al menos un margen de diferencia de tres horas entre ambos intentos de notificación.

c) Todas las respuestas anteriores son correctas.

133. Si nadie se hiciera cargo de la notificación, se hará constar esta circunstancia en el expediente, junto con el día y la hora en que se intentó la notificación:

a) Intento que se repetirá por una sola vez y en una hora distinta dentro de los tres días siguientes.

b) Intento que se repetirá por una sola vez y en una hora distinta dentro de los cinco días siguientes.

c) Intento que se repetirá por una sola vez y en una hora distinta dentro de los siete días siguientes.

134. Si nadie se hiciera cargo de la notificación, se hará constar esta circunstancia en el expediente, junto con el día y la hora en que se intentó la notificación:

a) Intento que se repetirá por una sola.
b) Intento que se repetirá más de una vez.
c) Intento que se repetirá dos veces.

135. En caso de que el primer intento de notificación no fructífero se haya realizado antes de las quince horas:

a) El segundo deberá realizarse a primera hora de la mañana.
b) El segundo deberá realizarse en la misma franja horaria.
c) El segundo debe realizarse después de las quince horas, y viceversa, dejando en todo caso al menos un margen de diferencia de tres horas entre ambos intentos de notificación.

136. Cuando el interesado accediera al contenido de la notificación en sede electrónica:

a) Se le ofrecerá la posibilidad de que el resto de notificaciones se puedan realizar a través de medios electrónicos.
b) Se comunicará que el resto de notificaciones se puedan realizar a través de medios electrónicos.
c) Se obligará a que el resto de notificaciones se puedan realizar a través de medios electrónicos.

137. Las notificaciones por medios electrónicos:

a) Se practicarán mediante comparecencia en la sede electrónica de la Administración u Organismo actuante.
b) Se practicarán a través de la dirección electrónica habilitada única.
c) Todas las respuestas anteriores son correctas.

138. Las notificaciones por medios electrónicos:

a) Se entenderán practicadas en el momento en que se produzca el acceso a su contenido.
b) Se entenderán practicadas el día siguiente al momento en que se produzca el acceso a su contenido.
c) Se entenderán practicadas en el momento en que se realice.

139. Cuando la notificación por medios electrónicos sea de carácter obligatorio:

a) Se entenderá rechazada cuando hayan transcurrido 24 horas naturales desde la puesta a disposición de la notificación sin que se acceda a su contenido.
b) Se entenderá rechazada cuando hayan transcurrido 48 horas naturales desde la puesta a disposición de la notificación sin que se acceda a su contenido.
c) Se entenderá rechazada cuando hayan transcurrido diez días naturales desde la puesta a disposición de la notificación sin que se acceda a su contenido.

140. Cuando la notificación por medios electrónicos haya sido expresamente elegida por el interesado:

a) Se entenderá rechazada cuando hayan transcurrido 24 horas naturales desde la puesta a disposición de la notificación sin que se acceda a su contenido.
b) Se entenderá rechazada cuando hayan transcurrido 48 horas naturales desde la puesta a disposición de la notificación sin que se acceda a su contenido.
c) Se entenderá rechazada cuando hayan transcurrido cuatro días naturales desde la puesta a disposición de la notificación sin que se acceda a su contenido.

141. Los interesados podrán acceder a las notificaciones desde:

a) Todas las Sedes de la Administración.
b) El Punto de Acceso General electrónico de la Administración, que funcionará como un portal de acceso.
c) El Punto Central electrónico de la Administración, que funcionará como un portal de acceso.

142. En el caso de notificaciones infructuosas por ser el interesado desconocido:

a) No se podrá entender hecha nunca.
b) Solo se podrá entender anunciada.
c) La notificación se hará por medio de un anuncio publicado en el «Boletín Oficial del Estado».

143. En el caso de notificaciones infructuosas porque se ignore el lugar de la notificación:

a) No se podrá entender hecha nunca.
b) Solo se podrá entender anunciada.
c) La notificación se hará por medio de un anuncio publicado en el «Boletín Oficial del Estado».

144. En el caso de notificaciones infructuosas porque se ignore el lugar del bien:

a) No se podrá entender hecha nunca.
b) Solo se podrá entender anunciada.
c) La notificación se hará por medio de un anuncio publicado en el «Boletín Oficial del Estado».

145. Los actos administrativos serán objeto de publicación:

a) Siempre y en todo caso.
b) Cuando así lo establezcan las normas reguladoras de cada procedimiento.
c) Son correctas las respuestas a) y b).

146. Los actos administrativos serán objeto de publicación, surtiendo esta los efectos de la notificación:

a) Cuando el acto tenga por destinatario a una pluralidad indeterminada de personas o cuando la Administración estime que la notificación efectuada a un solo interesado es insuficiente para garantizar la notificación a todos, siendo, en este último caso, adicional a la individualmente realizada.

b) Cuando se trate de actos integrantes de un procedimiento selectivo o de concurrencia competitiva de cualquier tipo.

c) Son correctas las respuestas a) y b).

147. La publicación de los actos se realizará:

a) En los periódicos.

b) En cualquier boletín o diario oficial.

c) En el diario oficial que corresponda, según cual sea la Administración de la que proceda el acto a notificar.

148. Los actos de la Administración pública que lesionen los derechos y libertades susceptibles de amparo constitucional:

a) Son ineficaces.

b) Son nulos de pleno derecho.

c) Son anulables.

149. Las disposiciones administrativas que vulneren la Constitución, las leyes u otras disposiciones administrativas de rango superior, las que regulen materias reservadas a la ley, y las que establezcan la retroactividad de disposiciones sancionadoras no favorables o restrictivas de derechos individuales:

a) Son ineficaces.

b) Son nulos de pleno derecho.

c) Son anulables.

150. Los actos de la Administración pública que tengan un contenido imposible:

a) Son ineficaces.

b) Son nulos de pleno derecho.

c) Son anulables.

Solución al test n.º 6-7-8

1. c) Los actos declarativos de derechos.

2. a) La fecha en que se dicten, salvo que en ellos se disponga otra cosa.

3. c) En los procedimientos iniciados a solicitud del interesado, la notificación se practicará en el domicilio del interesado. Cuando ello no fuera posible, en cualquier lugar adecuado a tal fin.

4. b) Cuando la Administración estime que la notificación efectuada a un solo interesado es insuficiente para garantizar la notificación a todos, siendo, en este último caso, adicional a la notificación efectuada.

5. c) Los actos que tengan un contenido imposible.

6. a) Los actos de la Administración que incurran en cualquier infracción del ordenamiento jurídico, incluso la desviación de poder.

7. c) Cuando el acto carezca de los requisitos formales, dando lugar a la indefensión de los interesados.

8. b) El órgano competente cuando sea superior jerárquico del que dictó el acto viciado.

9. b) En los casos en que los órganos administrativos ejerzan su competencia de forma verbal, la constancia escrita del acto, cuando sea necesaria, se efectuará y firmará por el titular del órgano superior, expresando en la comunicación del mismo la autoridad de la que procede.

10. b) Los que carezcan de los requisitos formales indispensables para alcanzar su fin.

11. a) Las que sigan el criterio seguido en actuaciones precedentes.

12. a) Cuando carezcan de los requisitos formales indispensables para alcanzar su fin o dé lugar a indefensión.

13. c) Realizado el requerimiento y al ser rechazado este, podrá interponer recurso de revisión.

14. c) El acceso a su contenido, momento a partir del cual la notificación se entenderá practicada a todos los efectos legales.

15. c) Diez días naturales sin que se acceda al contenido.

16. b) Toda notificación deberá ser cursada dentro del plazo de quince días a partir de la fecha en que el acto haya sido dictado.

17. c) El dictado por órgano incompetente en razón de su jerarquía.

18. c) Tendrán que ser motivados, con sucinta referencia de hechos y fundamentos de derechos.

19. a) Dentro del plazo de 10 días a partir de la fecha en que el acto haya sido dictado.

20. b) Motivados.

21. b) Motivados.

22. c) Desde que se dicten.

23. c) No implicará necesariamente la de las partes del mismo independientes de aquella.

24. c) Los que sean constitutivos de infracción administrativa y no se dicten como consecuencia de esta.

25. b) Serán nulos.

26. c) El que incurra en cualquier infracción del ordenamiento jurídico.

27. c) Diez días hábiles a partir de la fecha en que el acto haya sido dictado.

28. c) Los que sigan el dictamen de órganos consultivos.

29. a) Cuando esté supeditada a su publicación.

30. a) Nulas.

31. c) Tres días siguientes. En caso de que el primer intento de notificación se haya realizado antes de las quince horas, el segundo intento deberá realizarse después de las quince horas y viceversa, dejando en todo caso al menos un margen de diferencia de tres horas entre ambos intentos de notificación.

32. c) La notificación se hará por medio de un anuncio publicado en el Boletín Oficial del Estado.

33. b) El órgano que anule las actuaciones dispondrá siempre la conservación de aquellos actos cuyo contenido se hubiera mantenido igual de no haberse cometido la infracción.

34. a) Deberá ser cursada dentro del plazo de diez días a partir de la fecha en que el acto haya sido dictado.

35. c) Los acuerdos de suspensión de actos administrativos, cualquiera que sea el motivo de esta, serán motivados.

36. a) No podrán vulnerar lo establecido en una disposición de carácter general.

37. b) Si el acto está dictado por un órgano manifiestamente incompetente por razón de la materia.

38. c) Diez días naturales desde su puesta a disposición sin que se acceda a su contenido.

39. c) Cuando se trate de actos integrantes de un procedimiento selectivo.

40. b) Los actos de la Administración que incurran en cualquier infracción del ordenamiento jurídico, incluso la desviación de poder.

41. c) En el momento en que se produzca el acceso al contenido del acto notificado.

42. c) Cuando la notificación por medios electrónicos sea de carácter obligatorio, se entenderá rechazada cuando hayan transcurrido 10 días hábiles desde la puesta a disposición de la notificación sin que se acceda a su contenido.

43. a) Los dictados por órgano incompetente por razón del territorio.

44. a) Resuelvan procedimientos de revisiones de oficio.

45. c) Si el vicio consistiese en la falta de alguna autorización, se podrá convalidar el acto mediante el otorgamiento de la misma por el órgano competente.

46. c) La propuesta de resolución en un procedimiento sancionador.

47. a) Las resoluciones administrativas de carácter particular no podrán vulnerar lo establecido en una disposición de carácter general, aunque aquellas procedan de un órgano de igual o superior jerarquía al que dictó la disposición general.

48. c) Todas las notificaciones que se practiquen en papel deberán ser puestas a disposición del interesado en la sede electrónica de la Administración u Organismo actuante para que pueda acceder al contenido de las mismas de forma voluntaria.

49. c) Los actos expresos o presuntos contrarios al ordenamiento jurídico por los que se adquieren facultades o derechos cuando se carezca de los requisitos esenciales para su adquisición.

50. b) Las resoluciones administrativas de carácter particular no pueden vulnerar lo establecido en una disposición de carácter general, aunque aquellas procedan de un órgano de igual o superior jerarquía al que dictó la disposición general.

51. c) Las normas y actos dictados por los órganos de las Administraciones Públicas en el ejercicio de su propia competencia deberán ser observadas por el resto de los órganos administrativos, aunque no dependan jerárquicamente entre sí o pertenezcan a otra Administración.

52. a) Por medio de un anuncio publicado en el Boletín Oficial del Estado.

53. c) Se hubiera producido en primer lugar.

54. a) Puede ser convalidado.

55. b) Los actos nulos que, sin embargo, contengan los elementos constitutivos de otro distinto no producirán los efectos de este.

56. a) Presunción de validez de los actos administrativos.

57. b) Los que carezcan de los requisitos formales indispensables para alcanzar su fin.

58. c) Reconozcan el derecho de una licencia de apertura.

59. c) Cuando así lo exija el contenido del acto.

60. c) Son dictados prescindiendo total y absolutamente del procedimiento legalmente previsto.

61. b) Nulos de pleno derecho.

62. c) Será el órgano que acordó la nulidad.

63. c) Los anulables.

64. c) Anulable.

65. b) Anulable.

66. c) A los actos anulables y nulos.

67. b) Motivados.

68. c) Posible, lícito, determinado y adecuado a sus fines.

69. c) Desde su fecha, salvo lo dispuesto en el artículo 39.3 de la misma ley para la retroactividad de los actos administrativos.

70. a) Limiten derechos subjetivos.

71. c) Los motivos en que se basa la decisión.

72. c) No se lesionen derechos legítimos de otras personas.

73. c) Material y territorial.

74. a) Vicia el acto de que se trate.

75. b) Debe motivarlo.

76. b) Pueden dictar actos administrativos.

77. c) Dictados de oficio o a instancia de parte.

78. c) Todas las respuestas anteriores son correctas.

79. c) Todas las respuestas anteriores son correctas.

80. a) Serán motivados, con sucinta referencia de hechos y fundamentos de derecho.

81. a) Serán motivados, con sucinta referencia de hechos y fundamentos de derecho.

82. a) Debiendo, en todo caso, quedar acreditados en el procedimiento los fundamentos de la resolución que se adopte.

83. c) Por escrito a través de medios electrónicos, a menos que su naturaleza exija otra forma más adecuada de expresión y constancia.

84. a) La constancia escrita del acto, cuando sea necesaria, se efectuará y firmará por el titular del órgano inferior o funcionario que la reciba oralmente, expresando en la comunicación del mismo la autoridad de la que procede.

85. b) Podrán refundirse en un único acto, acordado por el órgano competente, que especificará las personas u otras circunstancias que individualicen los efectos del acto para cada interesado.

86. b) Podrán refundirse en un único acto, acordado por el órgano competente, que especificará las personas u otras circunstancias que individualicen los efectos del acto para cada interesado.

87. b) Podrán refundirse en un único acto, acordado por el órgano competente, que especificará las personas u otras circunstancias que individualicen los efectos del acto para cada interesado.

88. a) No podrán vulnerar lo establecido en una disposición de carácter general.

89. a) Aunque aquellas procedan de un órgano de igual o superior jerarquía al que dictó la disposición general.

90. c) Son nulas.

91. b) Serán ejecutivos con arreglo a lo dispuesto en esta ley.

92. a) Se presumirán válidos y producirán efectos desde la fecha en que se dicten, salvo que en ellos se disponga otra cosa.

93. c) Son correctas las respuestas a) y b).

94. c) Excepcionalmente, podrá otorgarse eficacia retroactiva a los actos.

95. b) Excepcionalmente, a los actos cuando se dicten en sustitución de actos anulados.

96. c) Son correctas las respuestas a) y b).

97. a) Deberán ser observadas observados por el resto de los órganos administrativos, aunque no dependan jerárquicamente entre sí o pertenezcan a otra Administración.

98. c) Está vinculado en todo caso.

99. c) Está vinculado en todo caso.

100. b) Podrá requerir a esta previamente para que anule o revise el acto.

101. c) En el caso de recibir un rechazo al requerimiento, podrá interponer recurso contencioso-administrativo.

102. a) Quedará suspendido el procedimiento para dictar resolución.

103. a) Los notificará a los interesados cuyos derechos e intereses sean afectados por aquél aquellos.

104. c) Dentro del plazo de diez días a partir de la fecha emisión de la misma.

105. c) Dentro del plazo de diez días a partir de la fecha en que el acto haya sido dictado.

106. c) Todas las respuestas anteriores son correctas.

107. b) Surtirán efecto a partir de la fecha en que el interesado realice actuaciones que supongan el conocimiento del contenido y alcance de la resolución o acto objeto de la notificación, o interponga cualquier recurso que proceda.

108. a) A los solos efectos de entender cumplida la obligación de notificar dentro del plazo máximo de duración de los procedimientos, será suficiente que la notificación contenga, cuando menos, el texto íntegro de la resolución, así como el intento de notificación debidamente acreditado.

109. b) Las Administraciones públicas podrán adoptar las medidas que consideren necesarias para la protección de los datos personales que consten en la misma.

110. b) Las Administraciones públicas podrán adoptar las medidas que consideren necesarias para la protección de los datos personales que consten en el mismo.

111. a) Preferentemente por medios electrónicos y, en todo caso, cuando el interesado resulte obligado a recibirlas por esta vía.

112. b) Se deben realizar por medios electrónicos cuando el interesado esté obligado a recibirlas por esta vía.

113. c) Cuando la notificación se realice con ocasión de la comparecencia espontánea del interesado o su representante en las oficinas de asistencia en materia de registro y solicite la comunicación o notificación personal en ese momento.

114. c) Cuando para asegurar la eficacia de la actuación administrativa resulte necesario practicar la notificación por entrega directa de un empleado público de la Administración notificante.

115. a) Con independencia del medio utilizado, las notificaciones serán válidas siempre que permitan tener constancia de su envío o puesta a disposición, de la recepción o acceso por el interesado o su representante, de sus fechas y horas, del contenido íntegro, y de la identidad fidedigna del remitente y destinatario de la misma. La acreditación de la notificación efectuada se incorporará al expediente.

116. b) Por reglamento.

117. b) Por reglamento.

118. b) Pero no para la práctica de notificaciones.

119. b) No se podrán notificar por medios electrónicos.

120. b) No se podrán notificar por medios electrónicos.

121. c) Son correctas las respuestas a) y b).

122. a) La notificación se practicará por el medio señalado al efecto por aquel.

123. a) La notificación será electrónica en los casos en los que exista obligación de relacionarse de esta forma con la Administración.

124. c) Son correctas las respuestas a) y b).

125. a) A los solos efectos de su iniciación.

126. a) Se hará constar en el expediente, especificándose las circunstancias del intento de notificación y el medio, dando por efectuado el trámite y siguiéndose el procedimiento.

127. b) Con independencia de que la notificación se realice en papel o por medios electrónicos.

128. c) No impedirá que la notificación sea considerada plenamente válida.

129. b) Se tomará como fecha de notificación la de aquella que se hubiera producido en primer lugar.

130. b) Deberán ser puestas a disposición del interesado en la sede electrónica de la Administración u Organismo actuante para que pueda acceder al contenido de las mismas de forma voluntaria.

131. b) Podrá hacerse cargo de la misma cualquier persona mayor de catorce años que se encuentre en el domicilio y haga constar su identidad.

132. c) Todas las respuestas anteriores son correctas.

133. a) Intento que se repetirá por una sola vez y en una hora distinta dentro de los tres días siguientes.

134. a) Intento que se repetirá por una sola.

135. c) El segundo debe realizarse después de las quince horas, y viceversa, dejando en todo caso al menos un margen de diferencia de tres horas entre ambos intentos de notificación.

136. a) Se le ofrecerá la posibilidad de que el resto de notificaciones se puedan realizar a través de medios electrónicos.

137. c) Todas las respuestas anteriores son correctas.

138. a) Se entenderán practicadas en el momento en que se produzca el acceso a su contenido.

139. c) Se entenderá rechazada cuando hayan transcurrido diez días naturales desde la puesta a disposición de la notificación sin que se acceda a su contenido.

140. c) Se entenderá rechazada cuando hayan transcurrido diez días naturales desde la puesta a disposición de la notificación sin que se acceda a su contenido.

141. b) El Punto de Acceso General electrónico de la Administración, que funcionará como un portal de acceso.

142. c) La notificación se hará por medio de un anuncio publicado en el «Boletín Oficial del Estado».

143. c) La notificación se hará por medio de un anuncio publicado en el «Boletín Oficial del Estado».

144. c) La notificación se hará por medio de un anuncio publicado en el «Boletín Oficial del Estado».

145. c) Son correctas las respuestas a) y b).

146. c) Son correctas las respuestas a) y b).

147. c) En el diario oficial que corresponda, según cual sea la Administración de la que proceda el acto a notificar.

148. b) Son nulos de pleno derecho.

149. b) Son nulos de pleno derecho.

150. b) Son nulos de pleno derecho.

TEST N.º 9

Ordenación del procedimiento

1. Señala cuál de las siguientes puede ser una definición de expediente administrativo:

a) Diligencias encaminadas a ejecutar la resolución administrativa, medidas adoptadas para ello y anotaciones practicadas.

b) El conjunto de actuaciones que sirven de antecedente y fundamento a la resolución administrativa.

c) El conjunto ordenado de documentos y actuaciones que sirven de antecedente y fundamento a la resolución administrativa, así como las diligencias encaminadas a ejecutarla.

2. ¿En virtud de qué principio administrativo se puede acordar en un solo acto todos los trámites que, por su naturaleza, admitan un impulso simultáneo y no sea obligado su cumplimiento sucesivo?

a) Principio de simplificación administrativa.

b) Principio de eficacia administrativa.

c) Principio de eficiencia administrativa.

3. Por regla general, salvo en el caso de que en la norma correspondiente se fije plazo distinto, los trámites que deban ser cumplimentados por los interesados deberán realizarse en el plazo de:

a) 20 días.

b) 15 días.

c) 10 días.

4. Los trámites que deban ser cumplimentados por los interesados deberán realizarse en el plazo establecido por la ley, pero ¿desde cuándo comenzará a contarse este plazo?

a) A partir del mismo día de la notificación del correspondiente acto.

b) A partir del día siguiente al del que se dicta la resolución.

c) A partir del día siguiente al de la notificación del correspondiente acto.

5. Cuando la Administración considere que alguno de los actos de los interesados no reúne los requisitos necesarios, ¿qué hará?

a) Inadmitirá el acto.

b) Le podrá declarar decaído en su derecho al trámite correspondiente.

c) Lo pondrá en conocimiento de su autor, concediéndole un plazo de diez días para cumplimentarlo.

6. Cuando en virtud de una norma sea preciso remitir el expediente electrónico, se hará de acuerdo con lo previsto en el Esquema Nacional de Interoperabilidad y en las correspondientes Normas Técnicas de Interoperabilidad, y se enviará:

a) Completo y en un solo archivo firmado digitalmente por el órgano emisor.

b) Completo, firmado y acompañado de un índice de los documentos que contenga.

c) Completo, foliado, autentificado y acompañado de un índice, asimismo autentificado, de los documentos que contenga.

7. Cuando en virtud de una norma sea preciso remitir el expediente electrónico, se hará de acuerdo con lo previsto en:

a) La LPACAP y en el Esquema de Interoperabilidad de la respectiva Comunidad Autónoma, y se enviará, foliado, autentificado y acompañado de un informe, asimismo autentificado, con todos los documentos que contenga el expediente.

b) El Esquema Nacional de Interoperabilidad y en las correspondientes Normas Técnicas de Interoperabilidad, y se enviará completo, foliado, autentificado y acompañado de un índice, asimismo autentificado, de los documentos que contenga.

c) La LRJSP y en el correspondiente Esquema de Interoperabilidad, y se enviará completo, foliado, y acompañado de un índice de los documentos que contenga.

8. Los procedimientos administrativos se impulsarán:

a) De oficio en todos sus trámites y a través de medios electrónicos, respetando los principios de transparencia, inmutabilidad y celeridad.

b) De oficio o a instancia de parte y a través de medios electrónicos, respetando los principios de transparencia y publicidad.

c) De oficio en todos sus trámites y a través de medios electrónicos, respetando los principios de transparencia y publicidad.

9. Se acordarán en un solo acto todos los trámites que, por su naturaleza, admitan un impulso simultáneo y no sea obligado su cumplimiento sucesivo, de acuerdo con el principio de:

a) Transparencia administrativa.

b) Celeridad administrativa.

c) Simplificación administrativa.

10. Los trámites que deban ser cumplimentados por los interesados deberán realizarse:

a) En el plazo de diez días desde la notificación del correspondiente acto.

b) En el plazo de diez días a partir del siguiente al de la notificación del correspondiente acto, salvo en el caso de que en la norma correspondiente se fije plazo distinto.

c) En el plazo de quince días a partir del siguiente al de la notificación del correspondiente acto.

11. Cuando la Administración considere que alguno de los actos de los interesados no reúne los requisitos necesarios:

a) Lo pondrá en conocimiento del autor, pero continuará los trámites del procedimiento, en aplicación del principio de celeridad.

b) La Administración intentará subsanar los requisitos que faltan, por sus propios medios. En su defecto, continuarán los trámites del procedimiento, dejando constancia en el expediente de las actuaciones realizadas por la Administración para garantizar el derecho del interesado.

c) Lo pondrá en conocimiento de su autor, concediéndole un plazo de diez días para cumplimentarlo.

12. Las cuestiones incidentales que se susciten en el procedimiento:

a) No suspenderán la tramitación del procedimiento, salvo las que se refieran a la nulidad de actuaciones.

b) Suspenderán la tramitación del procedimiento y se resolverá, expresamente, por el órgano competente, en el plazo de diez días.

c) No suspenderán la tramitación del procedimiento, incluso las que se refieran a la nulidad de actuaciones, salvo la recusación.

13. La autenticación del índice de un expediente administrativo garantizará:

a) La integridad e inmutabilidad del expediente electrónico generado desde el momento de su firma y permitirá su recuperación siempre que sea preciso.

b) La unicidad y mutabilidad del expediente electrónico generado desde el momento de su firma y permitirá su recuperación siempre que sea preciso.

c) La transparencia y calidad del expediente electrónico generado desde el momento de su firma y permitirá su recuperación siempre que sea preciso.

14. La Administración podrá declarar decaído el derecho al trámite de un interesado:

a) Cuando los trámites que deban ser cumplimentados por los interesados no se realizaran en el plazo de diez días a partir del siguiente al de la notificación del correspondiente acto o en el plazo fijado por la norma correspondiente.

b) Cuando la Administración considere que alguno de los actos de los interesados no reúne los requisitos necesarios y el autor no lo cumplimenta en el plazo de diez días concedido para cumplimentarlo.

c) Cuando los trámites que deban ser cumplimentados por los interesados no se realizaran en el plazo de diez días a partir del siguiente al de la notificación del correspondiente acto, pero se cumplimentará antes del día que se notifique la resolución en la que se tenga por transcurrido el plazo.

15. Los trámites que deban ser cumplimentados por los interesados deberán realizarse:

a) Siempre en el plazo máximo de diez días a partir del siguiente al de la notificación del correspondiente acto.

b) En el plazo de diez días a partir del siguiente al de la notificación del correspondiente acto, salvo en el caso de que en la norma correspondiente se fije plazo distinto.

c) En el plazo de quince días a partir del siguiente al de la notificación del correspondiente acto, salvo en el caso de que en la norma correspondiente se fije plazo distinto.

Solución al test n.º 9

1. c) El conjunto ordenado de documentos y actuaciones que sirven de anteceden-te y fundamento a la resolución administrativa, así como las diligencias encaminadas a ejecutarla.

2. a) Principio de simplificación administrativa.

3. c) 10 días.

4. c) A partir del día siguiente al de la notificación del correspondiente acto.

5. c) Lo pondrá en conocimiento de su autor, concediéndole un plazo de diez días para cumplimentarlo.

6. c) Completo, foliado, autentificado y acompañado de un índice, asimismo auten-tificado, de los documentos que contenga.

7. b) El Esquema Nacional de Interoperabilidad y en las correspondientes Normas Técnicas de Interoperabilidad, y se enviará completo, foliado, autentificado y acompaña-do de un índice, asimismo autentificado, de los documentos que contenga.

8. c) De oficio en todos sus trámites y a través de medios electrónicos, respetando los principios de transparencia y publicidad.

9. c) Simplificación administrativa.

10. b) En el plazo de diez días a partir del siguiente al de la notificación del correspon-diente acto, salvo en el caso de que en la norma correspondiente se fije plazo distinto.

11. c) Lo pondrá en conocimiento de su autor, concediéndole un plazo de diez días para cumplimentarlo.

12. c) No suspenderán la tramitación del mismo, incluso las que se refieran a la nuli-dad de actuaciones, salvo la recusación.

13. a) La integridad e inmutabilidad del expediente electrónico generado desde el momento de su firma y permitirá su recuperación siempre que sea preciso.

14.c) Todas las respuestas son correctas.

15. b) En el plazo de diez días a partir del siguiente al de la notificación del correspondiente acto, salvo en el caso de que en la norma correspondiente se fije plazo distinto.

TEST N.º 10

Inicio del procedimiento

1. Las medidas provisionales adoptadas antes de la iniciación del procedimiento administrativo, deberán ser confirmadas, modificadas o levantadas en el acuerdo de iniciación del procedimiento, que deberá efectuarse:

a) Dentro de los quince días siguientes a su adopción, pudiendo ser recurrido.
b) Dentro de los veinte días siguientes a su adopción, pudiendo de ser recurrido.
c) Dentro de los diez días siguientes a su adopción, sin posibilidad de ser recurrido.

2. Cuando el acuerdo de iniciación del procedimiento no contenga un pronunciamiento expreso acerca de las medidas provisionales previas, dichas medidas:

a) Se mantendrán, hasta la fase de alegaciones.
b) Se mantendrán, salvo que haya recurso pendiente.
c) Quedarán sin efecto.

3. Los procedimientos de naturaleza sancionadora se iniciarán:

a) De oficio o a instancia de parte.
b) Siempre a instancia de parte.
c) Siempre de oficio.

4. Contra el acuerdo de acumulación de procedimientos:

a) Cabe recurso de revisión.
b) Cabe recurso extraordinario de revisión.
c) No cabe recurso alguno.

5. Los procedimientos administrativos que no tengan naturaleza sancionadora se podrán iniciar:

a) Por acuerdo del órgano competente o a petición razonada de otros órganos.

b) Por acuerdo del órgano competente, bien por propia iniciativa o como consecuencia de orden superior, a petición razonada de otros órganos o por denuncia.

c) Por denuncia solamente.

6. Cuando el procedimiento se iniciara por una denuncia en la que se invocara un perjuicio en el patrimonio de las Administraciones Públicas:

a) La no iniciación del procedimiento deberá ser motivada y se notificará a los denunciantes la decisión de si se ha iniciado o no el procedimiento.

b) La iniciación del procedimiento deberá ser motivada y no se notificará a los denunciantes, si el instructor lo considera oportuno.

c) La no iniciación del procedimiento quedará a la decisión del instructor, sin necesidad de motivarla, salvo a petición del denunciante.

7. ¿Cómo se denomina al periodo que el órgano competente podrá abrir, con anterioridad al inicio del procedimiento, con el fin de conocer las circunstancias del caso concreto y la conveniencia o no de iniciar el procedimiento?

a) Período de información o actuaciones previas.

b) Período de iniciación.

c) Período preliminar.

8. Señala cuál de las siguientes no es una medida provisional que se pueda adoptar en el procedimiento administrativo:

a) Prestación de fianzas.

b) Suspensión temporal de servicios por razones de sanidad, higiene o seguridad.

c) Cierre definitivo del establecimiento por razones de sanidad, higiene o seguridad.

9. ¿Cuándo podrán ser alzadas o modificadas las medidas provisionales?

a) Solo al final del procedimiento.

b) Durante la tramitación del procedimiento.

c) Tras la firmeza de resolución.

10. En todo caso, se extinguirán las medidas provisionales:

a) Cuando surta efectos la resolución administrativa que ponga fin al procedimiento correspondiente.

b) Cuando lo solicite la parte interesada.

c) Cuando se interponga resolución contra los actos de trámite.

11. ¿Cómo se denomina en el ámbito administrativo, al acto por el que cualquier persona, en cumplimiento o no de una obligación legal, pone en conocimiento de un órgano administrativo la existencia de un determinado hecho que pudiera justificar la iniciación de oficio de un procedimiento administrativo?

a) Demanda.
b) Escrito de iniciación.
c) Denuncia.

12. Señala cuál de las siguientes no es una medida provisional que se pueda adoptar en el procedimiento administrativo:

a) Retirada de bienes productivos.
b) Intervención de bienes productivos.
c) Embargo de cosas infungibles.

13. En los procedimientos de responsabilidad patrimonial, ¿qué no debe contener la petición?

a) La relación de causalidad entre la lesión producida y el funcionamiento del servicio público.
b) La lesión producida en una persona o grupo de personas.
c) Su evaluación económica, en todo caso.

14. La presentación de una denuncia:

a) No confiere, por sí sola, la condición de interesado en el procedimiento.
b) Confiere, por sí sola, la condición de interesado en el procedimiento.
c) Confiere, por sí sola, capacidad de obrar al interesado en el procedimiento.

15. En los procedimientos de naturaleza sancionadora:

a) Solo hay una fase sancionadora.
b) Deberá separarse la fase instructora y la sancionadora.
c) La fase instructora y la sancionadora se practican juntas.

16. Los procedimientos podrán iniciarse:

a) De oficio en todo caso.
b) A solicitud del interesado, siempre.
c) De oficio o a solicitud del interesado.

17. Iniciado el procedimiento, el órgano administrativo competente podrá adoptar medidas provisionales:

a) Siempre de oficio.
b) De oficio o a instancia de parte y de forma motivada.
c) Siempre a instancia de parte, de forma motivada.

18. Señala cuál de las siguientes no es una medida provisional que se pueda adoptar en el procedimiento administrativo:

a) Intervención de bienes improductivos.

b) Consignación de depósito de las cantidades que se reclamen.

c) La retención de ingresos a cuenta que deban abonar las Administraciones Públicas.

19. Señala la respuesta incorrecta. En el caso de procedimientos de naturaleza sancionadora, las actuaciones previas se orientarán a:

a) Determinar la sanción que recaerá en la resolución final.

b) Determinar, con la mayor precisión posible, los hechos susceptibles de motivar la incoación del procedimiento.

c) La identificación de la persona o personas que pudieran resultar responsables.

20. En el ámbito administrativo, ¿en los términos previstos en qué ley podrán acordarse medidas provisionales?

a) En la Ley de responsabilidad Civil.

b) En la Ley de Expropiación Forzosa.

c) En la Ley de Enjuiciamiento Civil.

21. La intervención y depósito de ingresos obtenidos mediante una actividad que se considere ilícita y cuya prohibición o cesación se pretenda, puede imponerse:

a) No podrá imponerse en el ámbito administrativo.

b) Como medida provisional.

c) Como medida preliminar.

22. No se podrán adoptar medidas provisionales:

a) Que puedan causar perjuicio de difícil o imposible reparación a los interesados.

b) Que no impliquen violación de derechos.

c) Que no causen perjuicio o pueda ser reparable.

23. El órgano administrativo que inicie o tramite un procedimiento, cualquiera que haya sido la forma de su iniciación, podrá disponer su acumulación a otros con los que guarde identidad sustancial o íntima conexión:

a) En todo caso.

b) Siempre que sea diferente el órgano que deba tramitar el procedimiento del que deba resolverlo.

c) Siempre que sea el mismo órgano quien deba tramitar y resolver el procedimiento.

24. ¿Cómo se denomina la propuesta de iniciación del procedimiento formulada por cualquier órgano administrativo que no tiene competencia para iniciar el mismo y que ha tenido conocimiento de las circunstancias, conductas o hechos objeto del procedimiento, bien ocasionalmente o bien por tener atribuidas funciones de inspección, averiguación o investigación?

a) Inicio del procedimiento por petición razonada de otro órgano.
b) Inicio del procedimiento por petición fundada de otro órgano.
c) Inicio del procedimiento por petición motivada de otro órgano.

25. Señala la respuesta incorrecta. En los procedimientos de naturaleza sancionadora, las peticiones razonadas de iniciación por otro órgano deberán especificar:

a) La persona o personas presuntamente responsables.
b) Las conductas o hechos que pudieran constituir infracción administrativa y su tipificación.
c) La cuantía exacta de la multa a imponer.

26. En los procedimientos de naturaleza sancionadora:

a) Se encomiendan a órganos distintos la fase instructora y la sancionadora.
b) Un solo órgano instruye y sanciona.
c) Se encomiendan a órganos distintos la fase instructora, la sancionadora y la de revisión.

27. La acumulación de un procedimiento con otros con los que guarde identidad sustancial o íntima conexión se llevará a cabo:

a) Siempre de oficio.
b) A instancia de parte, salvo en los procedimientos sancionadores, que se hará solo de oficio.
c) De oficio o a instancia de parte.

28. La petición de inicio del procedimiento por petición razonada de otro órgano:

a) Vincula al órgano competente para iniciar el procedimiento.
b) No vincula al órgano competente para iniciar el procedimiento.
c) Vincula al órgano competente para resolver el procedimiento.

29. Señale la opción incorrecta. En la iniciación del procedimiento administrativo mediante denuncia, esta deberá expresar en todo caso:

a) La identidad de la persona que la presentan.
b) El relato de los hechos que se ponen en conocimiento de la Administración.
c) La identidad de la persona responsable.

30. ¿Podrá imponerse una sanción sin que se haya tramitado el oportuno procedimiento administrativo sancionador?

a) Sí.
b) En ningún caso.
c) No, salvo excepciones.

31. Señala la respuesta incorrecta. El acuerdo de iniciación del procedimiento sancionador ha de contener, entre otros:

a) Identificación del instructor del procedimiento.
b) Identificación del Secretario del procedimiento.
c) Medidas de carácter provisional que se hayan acordado por el órgano competente para resolver el procedimiento sancionador.

32. En el procedimiento sancionador, ¿cuándo se podrá realizar la calificación de los hechos en una fase posterior al acuerdo de iniciación?

a) Como regla general, siempre que lo determine el instructor.
b) Excepcionalmente, cuando en el momento de dictar el acuerdo de iniciación no existan elementos suficientes para identificar a todos los presuntos responsables.
c) Excepcionalmente, cuando en el momento de dictar el acuerdo de iniciación no existan elementos suficientes para la calificación inicial de los hechos que motivan la incoación del procedimiento.

33. Cuando las Administraciones Públicas decidan iniciar de oficio un procedimiento de responsabilidad patrimonial será necesario:

a) Que no haya prescrito el derecho a la reclamación del interesado.
b) Que no haya caducado el derecho a la reclamación del interesado.
c) Que no haya prescrito la sanción aplicable a dicho procedimiento.

34. ¿Cómo se denomina a la posibilidad de que el órgano administrativo que inicie o tramite un procedimiento administrativo disponga, de oficio o a instancia de parte, que se tramite junto a otros con los que guarde identidad sustancial o íntima conexión?

a) Reunificación.
b) Unificación.
c) Acumulación.

35. La petición de inicio del procedimiento por petición razonada de otro órgano no vincula al órgano competente para iniciar el procedimiento, pero deberá:

a) Remitir el expediente al órgano que hubiera formulado la petición.
b) Comunicar al órgano que hubiera formulado la petición, los motivos por los que no procede la iniciación.

c) Remitir el expediente al órgano que hubiera formulado la petición, motivando la remisión.

36. ¿Cuándo puede el órgano competente para iniciar o instruir el procedimiento, adoptar de forma motivada las medidas provisionales que resulten convenientes?

a) Al finalizar el procedimiento administrativo.

b) De instancia de parte en todo caso, y antes de la iniciación del procedimiento administrativo.

c) Antes de la iniciación del procedimiento administrativo.

37. ¿Pueden las medidas provisionales ser alzadas o modificadas durante la tramitación del procedimiento?

a) Sí, de oficio, en virtud de circunstancias que pudieron ser tenidas en cuenta en el momento de su adopción.

b) Sí, a instancia de parte, en virtud de circunstancias que pudieron ser tenidas en cuenta en el momento de su adopción.

c) Sí, de oficio o a instancia de parte, en virtud de circunstancias sobrevenidas o que no pudieron ser tenidas en cuenta en el momento de su adopción.

38. Señala la respuesta incorrecta. El acuerdo de iniciación del procedimiento sancionador, ha de contener, entre otros:

a) Expresa indicación del régimen de recusación de los presuntos responsables.

b) Órgano competente para la resolución del procedimiento.

c) La posible calificación de los hechos y las sanciones que pudieran corresponder, sin perjuicio de lo que resulte de la instrucción.

39. ¿Cuál es la finalidad del periodo de información o actuaciones previas del procedimiento administrativo?

a) La finalidad es conocer las circunstancias del caso concreto y la necesidad o no de iniciar el procedimiento.

b) La finalidad es conocer las circunstancias del caso concreto y la conveniencia o no de iniciar el procedimiento.

c) La finalidad es conocer las circunstancias del caso concreto y la oportunidad o no de iniciar el procedimiento.

40. Las actuaciones previas al procedimiento administrativo serán realizadas por:

a) El órgano competente para la iniciación del procedimiento.

b) Los órganos que tengan atribuidas funciones de instrucción del procedimiento y, en defecto de estos, por la persona u órgano administrativo competente para la resolución del procedimiento.

c) Los órganos que tengan atribuidas funciones de investigación, averiguación e inspección en la materia y, en defecto de estos, por la persona u órgano administrativo que se determine por el órgano competente para la iniciación o resolución del procedimiento.

41. Antes de la iniciación del procedimiento administrativo se podrán acordar medidas provisionales:

a) En los términos previstos en la Ley de Enjuiciamiento Civil.
b) En los términos previstos en la Ley de Enjuiciamiento Civil o Criminal.
c) En los términos previstos en el Código Civil.

42. Iniciado el procedimiento, el órgano administrativo competente para resolver el procedimiento podrá adoptar las medidas provisionales que estime oportunas:

a) Para asegurar la eficacia de la resolución que pudiera recaer, si existiesen elementos de juicio suficientes para ello, de acuerdo con los principios de proporcionalidad y efectividad y gratuidad.
b) Para asegurar la eficiencia de la resolución que pudiera recaer, si existiesen elementos de juicio para ello, de acuerdo con los principios de responsabilidad, conveniencia y menor onerosidad.
c) Para asegurar la eficacia de la resolución que pudiera recaer, si existiesen elementos de juicio suficientes para ello, de acuerdo con los principios de proporcionalidad, efectividad y menor onerosidad.

43. Iniciado el procedimiento, el órgano administrativo competente para resolver el procedimiento podrá alzar o modificar las medidas provisionales:

a) Excepcionalmente, de oficio, en la resolución administrativa que ponga fin al procedimiento correspondiente, en virtud de circunstancias sobrevenidas o que no pudieron ser tenidas en cuenta en el momento de su adopción.
b) Hasta que se proceda a la audiencia del interesado, en virtud de circunstancias manifestadas por el interesado y que no pudieron ser tenidas en cuenta en el momento de su adopción.
c) Durante la tramitación del procedimiento, de oficio o a instancia de parte, en virtud de circunstancias sobrevenidas o que no pudieron ser tenidas en cuenta en el momento de su adopción.

44. El órgano administrativo podrá disponer la acumulación de procedimientos:

a) Que guarden identidad de hechos, siempre que sea el mismo órgano quien deba tramitarlos y resolverlos. En todo caso, solo se podrá disponer la acumulación de oficio.
b) Que guarden identidad sustancial o íntima conexión, siempre que sea el mismo órgano quien deba tramitarlos y resolverlos. La acumulación se podrá disponer de oficio o a instancia de parte, cualquiera que haya sido la forma de su iniciación.
c) Que guarden cierta conexión objetiva, con independencia del órgano que deba tramitarlos y resolverlos. La acumulación se podrá disponer a instancia de parte.

45. Los procedimientos administrativos se iniciarán de oficio:

a) Por acuerdo del órgano competente, solo cuando media denuncia previa.

b) Por acuerdo del órgano que tiene atribuida la competencia de iniciación, bien por propia iniciativa o como consecuencia de orden superior, a petición razonada de otros órganos o por denuncia.

c) Solo por acuerdo motivado del órgano superior al órgano que tiene atribuida la competencia para instruir.

46. En los procedimientos de naturaleza sancionadora, ¿qué aspectos deberán especificar las peticiones razonadas que los órganos administrativos dirijan al órgano competente para iniciar el procedimiento?

a) Solo será necesario especificar con detalle las conductas o hechos que pudieran constituir infracción administrativa.

b) Las circunstancias, conductas o hechos objeto del procedimiento de los que ha tenido conocimiento el órgano que formula la petición y, en la medida de lo posible, deberán especificar la persona o personas presuntamente responsables; las conductas o hechos que pudieran constituir infracción administrativa y su tipificación; así como el lugar, la fecha, fechas o periodo de tiempo continuado en que los hechos se produjeron.

c) La persona o personas responsables y afectadas por la infracción; las conductas o hechos que pudieran constituir infracción administrativa, así como el periodo de tiempo en que los hechos se produjeron.

47. ¿Qué se entiende por denuncia, a los efectos de una posible iniciación de un procedimiento?

a) El acto por el que una Administración, en cumplimiento de su obligación legal, pone en conocimiento del Ministerio Fiscal la existencia de un determinado hecho que pudiera justificar la iniciación de oficio de un procedimiento penal o administrativo.

b) El acto por el que cualquier persona, en cumplimiento de una obligación, pone en conocimiento de un órgano administrativo la existencia de un determinado hecho que pudiera justificar la iniciación de oficio de un procedimiento judicial.

c) El acto por el que cualquier persona, en cumplimiento o no de una obligación legal, pone en conocimiento de un órgano administrativo la existencia de un determinado hecho que pudiera justificar la iniciación de oficio de un procedimiento administrativo.

48. La presentación de una denuncia:

a) No confiere, por sí sola, la condición de interesado en el procedimiento.

b) Confiere, por sí sola, la condición de interesado en el procedimiento.

c) Otorgará la condición de interesado en el procedimiento, solo en el caso de que el denunciante lo solicitara, expresamente, en la denuncia.

49. Cuando la denuncia invocara un perjuicio en el patrimonio de las Administraciones públicas:

a) Se iniciará obligatoriamente el procedimiento.

b) La no iniciación del procedimiento deberá ser motivada y se notificará a los denunciantes la decisión de si se ha iniciado o no el procedimiento.

c) Se iniciará obligatoriamente el procedimiento y se notificará a los denunciantes la decisión de inicio del procedimiento.

50. El órgano competente para resolver el procedimiento deberá eximir al denunciante del pago de la multa que le correspondería u otro tipo de sanción de carácter no pecuniario:

a) Cuando la denuncia invoque un perjuicio en el patrimonio de la Administración pública y el denunciante sea el primero en aportar elementos de prueba que permitan iniciar el procedimiento o comprobar la infracción, siempre y cuando en el momento de aportarse aquellos no se disponga de elementos suficientes para ordenar la misma y se repare el perjuicio causado. En todo caso, será necesario que el denunciante cese en la participación de la infracción y no haya destruido elementos de prueba relacionados con el objeto de la denuncia.

b) En ningún caso.

c) Cuando la denuncia invoque un perjuicio en el patrimonio de una persona física y/o jurídica y el denunciante sea uno de los primeros en aportar elementos de prueba que permitan iniciar el procedimiento o comprobar la infracción, siempre y cuando en el momento de aportarse aquellos no se disponga de elementos suficientes para ordenar la misma. En todo caso, será necesario que el denunciante cese en la participación de la infracción y no haya destruido elementos de prueba relacionados con el objeto de la denuncia.

51. En los procedimientos de naturaleza sancionadora:

a) Se podrá imponer una sanción sin que se haya tramitado el oportuno procedimiento, si el infractor llega a un acuerdo con el órgano instructor.

b) En ningún caso se podrá imponer una sanción sin que se haya tramitado el oportuno procedimiento.

c) Solo se podrá imponer una sanción sin que se haya tramitado el oportuno procedimiento, si media reconocimiento expreso del infractor.

52. En el caso de procedimientos de naturaleza sancionadora las actuaciones previas se orientarán:

a) A determinar, con la mayor precisión posible, los hechos susceptibles de motivar las medidas cautelares, la identificación de la persona o personas que pudieran resultar responsables y afectadas por los hechos y las circunstancias relevantes que concurran en unos y otros.

b) A determinar, con la mayor precisión posible, los motivos que justifican los hechos objeto de la incoación del procedimiento.

c) A determinar, con la mayor precisión posible, los hechos susceptibles de motivar la incoación del procedimiento, la identificación de la persona o personas que pudieran resultar responsables y las circunstancias relevantes que concurran en unos y otros.

53. Antes de la iniciación del procedimiento administrativo, no se podrán adoptar medidas provisionales:

a) Que puedan causar perjuicio a la propia Administración competente para resolver el procedimiento.

b) Que puedan causar perjuicio de difícil o imposible reparación a los interesados o que impliquen violación de derechos amparados por las leyes.

c) Que puedan causar perjuicio a los bienes y derechos de cualquier Administración pública o que impliquen obligaciones para terceros.

54. Entre las medidas provisionales que se puedan adoptar antes de iniciar un procedimiento administrativo podemos citar:

a) La suspensión temporal o definitiva de actividades.

b) La prestación de fianzas.

c) La retirada o intervención de bienes productivos o suspensión definitiva de servicios por razones de sanidad, higiene o seguridad, el cierre provisional del establecimiento por estas u otras causas previstas en la normativa reguladora aplicable.

55. El órgano administrativo competente para resolver el procedimiento podrá adoptar las medidas provisionales, una vez iniciado el procedimiento:

a) De oficio o a instancia de parte y de forma motivada, de acuerdo con los principios de proporcionalidad, efectividad y menor onerosidad.

b) Solo de oficio y de acuerdo con los principios de proporcionalidad y oportunidad.

c) De oficio o a instancia de parte, discrecionalmente, si lo estima necesario para asegurar la efectividad de la resolución.

56. Iniciado el procedimiento, las medidas provisionales se extinguirán:

a) Cuando surta efectos la resolución administrativa que ponga fin al procedimiento correspondiente.

b) Cuando circunstancias sobrevenidas obliguen al órgano administrativo competente a adoptar una resolución expresa de extinción de las citadas medidas.

c) Cuando concurran circunstancias que no pudieron ser tenidas en cuenta en el momento de su adopción, que obliguen al órgano administrativo competente a adoptar una resolución expresa de extinción de las citadas medidas.

57. Contra el acuerdo de acumulación de unos procedimientos con otros con los que guarde íntima conexión:

a) Procede recurso de reposición ante el mismo órgano que lo dictó.
b) Procede recurso de alzada ante el superior jerárquico del órgano que lo dictó.
c) No procederá recurso alguno.

58. Los procedimientos se iniciarán de oficio por acuerdo del órgano competente:

a) Por propia iniciativa.
b) Por denuncia.
c) Las respuestas a) y b) son correctas.

59. ¿Qué se entiende por inicio del procedimiento por petición razonada de otros órganos?

a) Se trata de una propuesta de iniciación del procedimiento formulada por el órgano administrativo que tenga competencia para resolver el procedimiento y que ha tenido conocimiento de las circunstancias, conductas o hechos objeto del procedimiento.
b) Se trata de una propuesta de iniciación del procedimiento formulada por cualquier órgano administrativo que no tiene competencia para iniciar el mismo y que ha tenido conocimiento de las circunstancias, conductas o hechos objeto del procedimiento, bien ocasionalmente o bien por tener atribuidas funciones de inspección, averiguación o investigación.
c) Se trata de una propuesta de iniciación del procedimiento formulada por cualquier órgano administrativo o judicial que no tiene competencia para iniciar el mismo y que ha tenido conocimiento de las circunstancias, conductas o hechos objeto del procedimiento, bien ocasionalmente o bien por tener atribuidas funciones de inspección, averiguación o investigación.

60. ¿Qué artículos de la LPACAP regulan la iniciación del procedimiento de oficio por la Administración?

a) Los artículos 58 a 65 de la LPACAP.
b) Los artículos 66 a 68 de la LPACAP.
c) Los artículos 70 a 74 de la LPACAP.

61. La petición razonada de inicio del procedimiento remitida por otros órganos distintos al competente para el inicio del procedimiento:

a) Vincula al órgano competente para iniciar el procedimiento. En este sentido, el órgano competente para el inicio del procedimiento, en el plazo de diez días desde la recepción de la petición, deberá comunicar al órgano que hubiera formulado la petición, la fecha de iniciación del procedimiento.

b) No vincula al órgano competente para iniciar el procedimiento, si bien el órgano competente para el inicio del procedimiento deberá comunicar, al órgano que hubiera formulado la petición, los motivos por los que, en su caso, no procede la iniciación.

c) Vincula al órgano competente para iniciar el procedimiento. En este sentido, el órgano competente para el inicio del procedimiento, en el plazo de quince días desde la recepción de la petición, deberá comunicar al órgano que hubiera formulado la petición, la fecha de iniciación del procedimiento.

62. En los procedimientos de responsabilidad patrimonial, ¿qué deberán especificar las peticiones razonadas de los órganos administrativos al órgano competente para el inicio del procedimiento?

a) Las circunstancias, conductas o hechos objeto del procedimiento de los que ha tenido conocimiento el órgano que formula la petición y, en la medida de lo posible, deberán especificar la persona o personas presuntamente responsables; las conductas o hechos que pudieran constituir infracción administrativa y su tipificación.

b) Las circunstancias, conductas o hechos objeto del procedimiento de los que ha tenido conocimiento el órgano que formula la petición y, expresamente, se deberán especificar la persona o personas presuntamente responsables y el momento en que la lesión efectivamente se produjo.

c) Las circunstancias, conductas o hechos objeto del procedimiento de los que ha tenido conocimiento el órgano que formula la petición y se deberá individualizar la lesión producida en una persona o grupo de personas, su relación de causalidad con el funcionamiento del servicio público, su evaluación económica si fuera posible, y el momento en que la lesión efectivamente se produjo.

63. En los procedimientos de naturaleza sancionadora, la incoación del procedimiento:

a) Se comunicará al denunciante, en todo caso.

b) Se comunicará al denunciante cuando las normas reguladoras del procedimiento así lo prevean.

c) Se notificará al denunciante. Asimismo, se le notificarán todas las resoluciones y actos administrativos que afecten a sus derechos e intereses.

64. Los procedimientos de naturaleza sancionadora se iniciarán:

a) De oficio o a instancia de parte por acuerdo del órgano competente para iniciar el procedimiento y establecerán la debida separación entre la fase instructora y la sancionadora, que se encomendará a órganos distintos

b) Siempre de oficio por acuerdo del órgano competente para resolver el procedimiento y establecerán la debida separación entre la fase instructora y la sancionadora, que se encomendará a órganos distintos.

c) Siempre de oficio por acuerdo del órgano competente para iniciar el procedimiento y establecerán la debida separación entre la fase instructora y la sancionadora, que se encomendará a órganos distintos.

65. ¿Qué limitación establece la LPACAP para que la Administración pueda iniciar un nuevo procedimiento sancionador en caso de infracciones continuadas?

a) El artículo 62.3 de la LPACAP establece que no se podrán iniciar nuevos procedimientos de carácter sancionador por hechos o conductas tipificadas como infracciones en cuya comisión el infractor persista de forma continuada, en tanto no haya recaído una primera resolución, sea sancionadora o no.

b) El artículo 65.3 de la LPACAP establece que no se podrán iniciar nuevos procedimientos de carácter sancionador por hechos o conductas tipificadas como infracciones en cuya comisión el infractor persista de forma continuada, en tanto no haya recaído una primera resolución sancionadora, con carácter ejecutivo.

c) El artículo 63.3 de la LPACAP establece que no se podrán iniciar nuevos procedimientos de carácter sancionador por hechos o conductas tipificadas como infracciones en cuya comisión el infractor persista de forma continuada, en tanto no haya recaído una primera resolución sancionadora, con carácter ejecutivo.

66. El procedimiento sancionador se inicia:

a) Mediante una denuncia.
b) Mediante una notificación.
c) Mediante un acto de incoación.

67. Los procedimientos de naturaleza sancionadora tendrá las siguientes fases:

a) Fase instructora y fase sancionadora, que se encomendará a órganos distintos.
b) Fase instructora, fase probatoria y fase sancionadora, que se encomendará a órganos distintos.
c) Fase instructora, fase de alegaciones, fase probatoria y fase sancionadora, que se encomendará a órganos distintos.

68. De acuerdo con la regulación del procedimiento sancionador que realiza la LPACAP, ¿es obligatorio que el instructor elabore el pliego de cargos?

a) Sí, el pliego de cargos es obligatorio.
b) No. La elaboración del pliego de cargos por el instructor se contempla como algo excepcional y solo para el supuesto de que en el acuerdo de inicio del expediente no se pueda precisar las posibles sanciones.
c) No. La elaboración del pliego de cargos por el instructor se contempla como algo excepcional y solo para el supuesto de que en el acuerdo de inicio del expediente no se hayan podido calificar inicialmente los hechos.

Solución al test n.º 10

1. a) Dentro de los quince días siguientes a su adopción, pudiendo ser recurrido.

2. c) Quedarán sin efecto.

3. c) Siempre de oficio.

4. c) No cabe recurso alguno.

5. b) Por acuerdo del órgano competente, bien por propia iniciativa o como conse-cuencia de orden superior, a petición razonada de otros órganos o por denuncia.

6. a) La no iniciación del procedimiento deberá ser motivada y se notificará a los denunciantes la decisión de si se ha iniciado o no el procedimiento.

7. a) Período de información o actuaciones previas.

8. c) Cierre definitivo del establecimiento por razones de sanidad, higiene o seguridad.

9. b) Durante la tramitación del procedimiento.

10. a) Cuando surta efectos la resolución administrativa que ponga fin al procedi-miento correspondiente.

11. c) Denuncia.

12. c) Embargo de cosas infungibles.

13. c) Su evaluación económica, en todo caso.

14. a) No confiere, por sí sola, la condición de interesado en el procedimiento.

15. b) Deberá separarse la fase instructora y la sancionadora.

16. c) De oficio o a solicitud del interesado.

17. b) De oficio o a instancia de parte y de forma motivada.

18. a) Intervención de bienes improductivos.

19. a) Determinar la sanción que recaerá en la resolución final.

20. c) En la Ley de Enjuiciamiento Civil.

21. b) Como medida provisional.

22. a) Que puedan causar perjuicio de difícil o imposible reparación a los interesados.

23. c) Siempre que sea el mismo órgano quien deba tramitar y resolver el procedimiento.

24. a) Inicio del procedimiento por petición razonada de otro órgano.

25. c) La cuantía exacta de la multa a imponer.

26. a) Se encomiendan a órganos distintos la fase instructora y la sancionadora.

27. c) De oficio o a instancia de parte.

28. b) No vincula al órgano competente para iniciar el procedimiento.

29. c) La identidad de la persona responsable.

30. b) En ningún caso.

31. c) Medidas de carácter provisional que se hayan acordado por el órgano competente para resolver el procedimiento sancionador.

32. c) Excepcionalmente, cuando en el momento de dictar el acuerdo de iniciación no existan elementos suficientes para la calificación inicial de los hechos que motivan la incoación del procedimiento.

33. a) Que no haya prescrito el derecho a la reclamación del interesado.

34. c) Acumulación.

35. b) Comunicar al órgano que hubiera formulado la petición, los motivos por los que no procede la iniciación.

36. c) Antes de la iniciación del procedimiento administrativo.

37. c) Sí, de oficio o a instancia de parte, en virtud de circunstancias sobrevenidas o que no pudieron ser tenidas en cuenta en el momento de su adopción.

38. a) Expresa indicación del régimen de recusación de los presuntos responsables.

39. b) La finalidad es conocer las circunstancias del caso concreto y la conveniencia o no de iniciar el procedimiento.

40. c) Los órganos que tengan atribuidas funciones de investigación, averiguación e inspección en la materia y, en defecto de estos, por la persona u órgano administrativo que se determine por el órgano competente para la iniciación o resolución del procedimiento.

41. a) En los términos previstos en la Ley de Enjuiciamiento Civil.

42. c) Para asegurar la eficacia de la resolución que pudiera recaer, si existiesen elementos de juicio suficientes para ello, de acuerdo con los principios de proporcionalidad, efectividad y menor onerosidad.

43. c) Durante la tramitación del procedimiento, de oficio o a instancia de parte, en virtud de circunstancias sobrevenidas o que no pudieron ser tenidas en cuenta en el momento de su adopción.

44. b) Que guarden identidad sustancial o íntima conexión, siempre que sea el mismo órgano quien deba tramitarlos y resolverlos. La acumulación se podrá disponer de oficio o a instancia de parte, cualquiera que haya sido la forma de su iniciación.

45. b) Por acuerdo del órgano que tiene atribuida la competencia de iniciación, bien por propia iniciativa o como consecuencia de orden superior, a petición razonada de otros órganos o por denuncia.

46. b) Las circunstancias, conductas o hechos objeto del procedimiento de los que ha tenido conocimiento el órgano que formula la petición y, en la medida de lo posible, deberán especificar la persona o personas presuntamente responsables; las conductas o hechos que pudieran constituir infracción administrativa y su tipificación; así como el lugar, la fecha, fechas o periodo de tiempo continuado en que los hechos se produjeron.

47. c) El acto por el que cualquier persona, en cumplimiento o no de una obligación legal, pone en conocimiento de un órgano administrativo la existencia de un determinado hecho que pudiera justificar la iniciación de oficio de un procedimiento administrativo.

48. a) No confiere, por sí sola, la condición de interesado en el procedimiento.

49. b) La no iniciación del procedimiento deberá ser motivada y se notificará a los denunciantes la decisión de si se ha iniciado o no el procedimiento.

50. a) Cuando la denuncia invoque un perjuicio en el patrimonio de la Administración pública y el denunciante sea el primero en aportar elementos de prueba que permitan iniciar el procedimiento o comprobar la infracción, siempre y cuando en el momento de aportarse aquellos no se disponga de elementos suficientes para ordenar la misma y se repare el perjuicio causado. En todo caso, será necesario que el denunciante cese en la participación de la infracción y no haya destruido elementos de prueba relacionados con el objeto de la denuncia.

51. b) En ningún caso se podrá imponer una sanción sin que se haya tramitado el oportuno procedimiento.

52. c) A determinar, con la mayor precisión posible, los hechos susceptibles de motivar la incoación del procedimiento, la identificación de la persona o personas que pudieran resultar responsables y las circunstancias relevantes que concurran en unos y otros.

53. b) Que puedan causar perjuicio de difícil o imposible reparación a los interesados o que impliquen violación de derechos amparados por las leyes.

54. b) La prestación de fianzas.

55. a) De oficio o a instancia de parte y de forma motivada, de acuerdo con los principios de proporcionalidad, efectividad y menor onerosidad.

56. a) Cuando surta efectos la resolución administrativa que ponga fin al procedimiento correspondiente.

57. c) No procederá recurso alguno.

58. c) Las respuestas a) y b) son correctas.

59. b) Se trata de una propuesta de iniciación del procedimiento formulada por cualquier órgano administrativo que no tiene competencia para iniciar el mismo y que ha tenido conocimiento de las circunstancias, conductas o hechos objeto del procedimiento, bien ocasionalmente o bien por tener atribuidas funciones de inspección, averiguación o investigación.

60. a) Los artículos 58 a 65 de la LPACAP.

61. b) No vincula al órgano competente para iniciar el procedimiento, si bien el órgano competente para el inicio del procedimiento deberá comunicar, al órgano que hubiera formulado la petición, los motivos por los que, en su caso, no procede la iniciación.

62. c) Las circunstancias, conductas o hechos objeto del procedimiento de los que ha tenido conocimiento el órgano que formula la petición y se deberá individualizar la lesión producida en una persona o grupo de personas, su relación de causalidad con el funcionamiento del servicio público, su evaluación económica si fuera posible, y el momento en que la lesión efectivamente se produjo.

63. b) Se comunicará al denunciante cuando las normas reguladoras del procedimiento así lo prevean.

64. c) Siempre de oficio por acuerdo del órgano competente para iniciar el procedimiento y establecerán la debida separación entre la fase instructora y la sancionadora, que se encomendará a órganos distintos.

65. c) El artículo 63.3 de la LPAC establece que no se podrán iniciar nuevos procedimientos de carácter sancionador por hechos o conductas tipificadas como infracciones en cuya comisión el infractor persista de forma continuada, en tanto no haya recaído una primera resolución sancionadora, con carácter ejecutivo.

66. c) Mediante un acto de incoación.

67. a) Fase instructora y fase sancionadora, que se encomendará a órganos distintos.

68. c) No. La elaboración del pliego de cargos por el instructor se contempla como algo excepcional y solo para el supuesto de que en el acuerdo de inicio del expediente no se hayan podido calificar inicialmente los hechos.

Inicio del procedimiento a solicitud del interesado

1. Si la solicitud de iniciación del procedimiento administrativo no reúne los requisitos recogidos en la Ley 39/2015 u otros exigidos por la legislación específica aplicable:

a) Se inadmitirá la solicitud presentada por el interesado.

b) Se le dará un plazo de cinco días para que vuelva a presentar la solicitud correctamente.

c) Se le dará un plazo de diez días para que subsane la falta o acompañe los documentos preceptivos.

2. Los interesados podrán solicitar el inicio de un procedimiento de responsabilidad patrimonial:

a) Siempre.

b) Dentro de los cuatro años siguientes a aquel en que se produjo el acto que motiva la indemnización.

c) Cuando no haya prescrito su derecho a reclamar.

3. El plazo de subsanación de la solicitud de iniciación del procedimiento podrá ampliarse prudencialmente, cuando la aportación de los documentos requeridos presente dificultades especiales:

a) Hasta cinco días.

b) Hasta diez días.

c) Hasta quince días.

4. En caso de daños de carácter físico o psíquico a las personas, el derecho a reclamar en un procedimiento de responsabilidad patrimonial prescribe:

a) A los cinco años a contar desde la completa curación.

b) No prescriben nunca, cuando sean de carácter psíquico.

c) Al año a contar desde la curación o la determinación del alcance de las secuelas.

5. Señala la respuesta incorrecta. En la iniciación del procedimiento administrativo a instancia de parte, la solicitud que se formule deberá contener, entre otros:

a) Lugar y fecha.

b) Nombre y sexo del interesado.

c) Nombre y apellidos de la persona que represente al interesado.

6. ¿Cómo denomina la Ley 39/2015 al documento suscrito por un interesado en el que este manifiesta, bajo su responsabilidad, que cumple con los requisitos establecidos en la normativa vigente para obtener el reconocimiento de un derecho o facultad o para su ejercicio, que dispone de la documentación que así lo acredita, que la pondrá a disposición de la Administración cuando le sea requerida, y que se compromete a mantener el cumplimiento de las anteriores obligaciones durante el período de tiempo inherente a dicho reconocimiento o ejercicio?

a) Declaración jurada.

b) Declaración responsable.

c) Comunicación.

7. Cuando las pretensiones correspondientes a una pluralidad de personas tengan un contenido y fundamento idéntico o sustancialmente similar:

a) Deberán ser formuladas en distintas solicitudes.

b) Podrán ser formuladas en una única solicitud, salvo que la norma disponga lo contrario.

c) Nunca podrán ser formuladas en una única solicitud.

8. Cuando la Administración en un procedimiento concreto establezca expresamente modelos específicos de presentación de solicitudes:

a) Serán de uso potestativo por los interesados.

b) Serán de uso obligatorio por los interesados.

c) Son facilitados por la Administración, con carácter orientativo para el administrado.

9. ¿Qué harán las Administraciones Públicas si alguno de los sujetos que están obligados a relacionarse electrónicamente con las Administraciones Públicas presenta su solicitud presencialmente?

a) Inadmitirán la solicitud por defecto de forma.

b) Requerirán al interesado para que la subsane a través de su presentación electrónica.

c) Requerirán al interesado para que la subsane a través de su presentación presencial.

10. ¿Cómo denomina la Ley 39/2015 al documento mediante el que los interesados ponen en conocimiento de la Administración Pública competente sus datos identificativos o cualquier otro dato relevante para el inicio de una actividad o el ejercicio de un derecho?

a) *Apud acta*.
b) *Poder in legis*.
c) Comunicación.

11. Cuando las Administraciones Públicas requieran, para la presentación telemática, a alguno de los sujetos que están obligados a relacionarse electrónicamente con ellas y que hubieran presentado su solicitud presencialmente, ¿cuál será la fecha en la que se considerará presentada la solicitud?

a) La fecha en que se le haya requerido para la subsanación.
b) La fecha en que se hizo la primera presentación presencial.
c) La fecha en la que haya sido realizada la subsanación.

12. Las solicitudes para impulsar el inicio de un procedimiento deben, entre otras circunstancias, contener:

a) Nombre y apellidos del interesado y, en su caso, de la persona que lo represente.
b) Relación detalla de hechos.
c) Firma del solicitante o acreditación de la autenticidad de su voluntad expresada mediante poder notarial.

13. ¿Quién tiene la obligación de facilitar el código de identificación del órgano, centro o unidad administrativa al que debe dirigir cualquier interesado su correspondiente solicitud para la iniciación de un procedimiento administrativo?

a) Las oficinas de asistencia al interesado.
b) Las oficinas de asistencia en materia de procedimientos.
c) Las oficinas de asistencia en materia de registros.

14. ¿Qué artículo regula el inicio del procedimiento a solicitud del interesado?

a) El artículo 62 de la LPACAP.
b) El artículo 63 de la LPACAP.
c) El artículo 66 de la LPACAP.

15. Las solicitudes de iniciación en los procedimientos de responsabilidad patrimonial contendrán:

a) Las lesiones producidas, la presunta relación de causalidad entre estas y el funcionamiento del servicio público, la evaluación económica de la responsabilidad patrimonial, si fuera posible, y el momento en que la lesión efectivamente se produjo, e irá acompañada de cuantas alegaciones, documentos e informaciones se estimen oportunos y de la proposición de prueba, concretando los medios de que pretenda valerse el reclamante.

b) El contenido establecido en el artículo 66 de la LPACAP así como las lesiones producidas, la presunta relación de causalidad entre estas y el funcionamiento del servicio público, la evaluación económica de la responsabilidad patrimonial, si fuera posible, y el momento en que la lesión efectivamente se produjo, e irá acompañada de cuantas alegaciones, documentos e informaciones se estimen oportunos y de la proposición de prueba, concretando los medios de que pretenda valerse el reclamante.

c) El contenido establecido en el artículo 68 de la LPACAP así como las lesiones producidas y cuantas alegaciones, documentos e informaciones se estimen oportunos.

16. ¿Qué condición resulta necesario para que un interesado inicie un procedimiento de responsabilidad patrimonial?

a) Los procedimientos de responsabilidad patrimonial solo se podrán iniciar de oficio por la Administración, siempre que el derecho no haya prescrito.

b) Los procedimientos de responsabilidad patrimonial solo se podrán iniciar de oficio por la Administración, siempre que el derecho no haya prescrito.

c) Resulta necesario que el derecho no haya prescrito.

17. ¿Cuál será el plazo de prescripción del derecho a reclamar la responsabilidad patrimonial cuando deriva de una norma declarada contraria al derecho de la Unión Europea?

a) El derecho a reclamar prescribirá a los dos años de la publicación en el Diario Oficial de la Unión Europea.

b) El derecho a reclamar prescribirá a los seis meses de la publicación en el Boletín Oficial del Estado y al año de la publicación en el Diario Oficial de la Unión Europea.

c) El derecho a reclamar prescribirá al año de la publicación en el Diario Oficial de la Unión Europea.

18. ¿Cuál será el plazo de prescripción del derecho a reclamar por un acto que motive la indemnización por responsabilidad patrimonial?

a) El derecho a reclamar prescribirá a los seis meses de producido el acto que motive la indemnización.

b) El derecho a reclamar prescribirá al año de producido el acto que motive la indemnización.

c) El derecho a reclamar prescribirá a los dos años de producido el acto que motive la indemnización.

19. A los efectos de iniciar un procedimiento de acuerdo con la LPACAP, ¿qué debe entenderse por comunicación?

a) El documento por el que los interesados ponen en conocimiento de la Administración pública competente sus datos identificativos o cualquier otro dato relevante para el inicio de una actividad o el ejercicio de un derecho.

b) El documento suscrito por un interesado en el que este manifiesta, bajo su responsabilidad, que cumple con los requisitos establecidos en la normativa vigente para obtener el reconocimiento de un derecho o facultad o para su ejercicio, que dispone de la documentación que así lo acredita, que la pondrá a disposición de la Administración cuando le sea requerida, y que se compromete a mantener el cumplimiento de las anteriores obligaciones durante el periodo de tiempo inherente a dicho reconocimiento o ejercicio.

c) El documento por el que los interesados ponen en conocimiento de la Administración pública competente sus datos identificativos o cualquier otro dato relevante para solicitar se apruebe el inicio de una actividad empresarial. Será necesario para iniciar la actividad que la Administración resuelva de forma expresa.

20. En los procedimientos de responsabilidad patrimonial en los que proceda reconocer derecho a indemnización por anulación en la jurisdicción contencioso-administrativa de un acto o disposición de carácter general, el derecho a reclamar prescribirá:

a) Al año de haberse notificado la sentencia definitiva.

b) A los tres años de haberse notificado la resolución administrativa o la sentencia definitiva.

c) A los diez años de haberse notificado la sentencia definitiva.

Solución al test n.º 11

1. c) Se le dará un plazo de diez días para que subsane la falta o acompañe los documentos preceptivos.

2. c) Cuando no haya prescrito su derecho a reclamar.

3. a) Hasta cinco días.

4. c) Al año a contar desde la curación o la determinación del alcance de las secuelas.

5. b) Nombre y sexo del interesado.

6. b) Declaración responsable.

7. b) Podrán ser formuladas en una única solicitud, salvo que la norma disponga lo contrario.

8. b) Serán de uso obligatorio por los interesados.

9. b) Requerirán al interesado para que la subsane a través de su presentación electrónica.

10. c) Comunicación.

11. c) La fecha en la que haya sido realizada la subsanación.

12. a) Nombre y apellidos del interesado y, en su caso, de la persona que lo represente.

13. c) Las oficinas de asistencia en materia de registros.

14. c) El artículo 66 de la LPACAP.

15. b) El contenido establecido en el artículo 66 de la LPACAP, así como las lesiones producidas, la presunta relación de causalidad entre estas y el funcionamiento del servicio público, la evaluación económica de la responsabilidad patrimonial, si fuera posible, y el momento en que la lesión efectivamente se produjo, e irá acompañada de cuantas alegaciones, documentos e informaciones se estimen oportunos y de la proposición de prueba, concretando los medios de que pretenda valerse el reclamante.

16. c) Resulta necesario que el derecho no haya prescrito.

17. c) El derecho a reclamar prescribirá al año de la publicación en el Diario Oficial de la Unión Europea de la sentencia que declare su carácter contrario al Derecho de la Unión Europea.

18. b) El derecho a reclamar prescribirá al año de producido el hecho o el acto que motive la indemnización.

19. a) El documento por el que los interesados ponen en conocimiento de la Administración Pública competente sus datos identificativos o cualquier otro dato relevante para el inicio de una actividad o el ejercicio de un derecho.

20. a) Al año de haberse notificado la sentencia definitiva.

Instrucción del procedimiento

1. Con carácter general, los actos de instrucción necesarios para la determinación, conocimiento y comprobación de los hechos en virtud de los cuales deba pronunciarse la resolución, se realizarán, por el órgano que tramite el procedimiento:

a) A instancia de parte y a través de medios electrónicos.

b) De oficio y a través de medios electrónicos.

c) De oficio o a instancia de parte y a través de cualquier medio que deje constancia de la resolución.

2. En cualquier caso, el órgano instructor durante los actos de instrucción, adoptará las medidas necesarias para lograr el pleno respeto a los principios de:

a) Legalidad y proporcionalidad.

b) Eficacia y eficiencia durante la instrucción.

c) Contradicción y de igualdad de los interesados en el procedimiento.

3. ¿En qué momento del procedimiento podrán los interesados aducir alegaciones y aportar documentos u otros elementos de juicio?

a) En cualquier momento del procedimiento, en virtud del principio de flexibilidad.

b) En cualquier momento del procedimiento anterior al trámite de audiencia.

c) Únicamente en la fase de alegaciones.

4. ¿Cuándo podrán los interesados alegar los defectos de tramitación, como los que supongan paralización, infracción de los plazos preceptivamente señalados o la omisión de trámites que pueden ser subsanados antes de la resolución definitiva del asunto?

a) En cualquier momento.

b) Únicamente durante el periodo de prueba.

c) En cualquier momento del procedimiento anterior al trámite de audiencia.

5. En el caso de reclamaciones en materia de responsabilidad patrimonial del Estado por el funcionamiento anormal de la Administración de Justicia, el plazo para dictar resolución quedará suspendido por el tiempo que medie entre la solicitud, del informe y su recepción, no pudiendo exceder dicho plazo de:

a) Tres meses.
b) Dos meses.
c) Un mes.

6. Cuando la Administración no tenga por ciertos los hechos alegados por los interesados o la naturaleza del procedimiento lo exija, el instructor del mismo, a fin de que puedan practicarse cuantas pruebas juzgue pertinentes, acordará la apertura de un período de prueba:

a) Por un plazo no superior a treinta días ni inferior a diez.
b) Por un plazo no superior a treinta días ni inferior a quince.
c) Por un plazo no superior a veinte días ni inferior a siete.

7. Cuando lo considere necesario, el instructor del procedimiento, a petición de los interesados, podrá decidir la apertura de un período extraordinario de prueba:

a) Por un plazo no superior a treinta días.
b) Por un plazo no superior a veinte días.
c) Por un plazo no superior a diez días.

8. Los hechos relevantes para la decisión de un procedimiento podrán acreditarse por cualquier medio de prueba admisible en Derecho, cuya valoración se realizará de acuerdo con los criterios establecidos en:

a) El Real decreto de 14 de septiembre de 1882 por el que se aprueba la Ley de Enjuiciamiento Criminal.
b) La Ley 40/2015, de 1 de octubre, de Régimen Jurídico del Sector Público.
c) La Ley 1/2000, de 7 de enero, de Enjuiciamiento Civil.

9. ¿Cuándo establece el art. 78.1 de la Ley 39/2015, de 1 de octubre, que la Administración comunicará a los interesados el inicio de las actuaciones necesarias para la realización de las pruebas que hayan sido admitidas:

a) Con una antelación mínima de treinta días.
b) Con una antelación mínima de veinte días.
c) Con antelación suficiente.

10. Salvo disposición expresa en contrario, los informes serán:

a) Obligatorios y vinculantes.
b) Obligatorios pero no vinculantes.
c) Facultativos y no vinculantes.

11. Salvo que una disposición o el cumplimiento del resto de los plazos del procedimiento permita o exija otro plazo mayor o menor, los informes serán emitidos:

a) A través de cualquier medio que permita su constancia y en el plazo de veinte días.

b) A través de cualquier medio que permita su constancia y en el plazo de diez días.

c) A través de medios electrónicos y en el plazo de diez días.

12. En el caso de los procedimientos de responsabilidad patrimonial será preceptivo solicitar informe al servicio cuyo funcionamiento haya ocasionado la presunta lesión indemnizable:

a) No pudiendo exceder de treinta días el plazo de su emisión.

b) No pudiendo exceder de veinte días el plazo de su emisión.

c) No pudiendo exceder de diez días el plazo de su emisión.

13. Será preceptivo solicitar dictamen del Consejo de Estado o, en su caso, del órgano consultivo de la Comunidad Autónoma, cuando las indemnizaciones reclamadas sean:

a) De cuantía igual o superior a 50.000 euros o a la que se establezca en la correspondiente legislación autonómica.

b) De cuantía igual o superior a 36.000 euros o a la que se establezca en la correspondiente legislación autonómica.

c) De cuantía igual o superior a 30.000 euros o a la que se establezca en la correspondiente legislación autonómica.

14. ¿De quién será preceptivo su informe en el caso de reclamaciones en materia de responsabilidad patrimonial del Estado por el funcionamiento anormal de la Administración de Justicia?

a) Del Ministro de Hacienda y Función Pública.

b) Del Ministro de Justicia.

c) Del Consejo General del Poder Judicial.

15. ¿En qué plazo máximo será evacuado el informe por el órgano preceptivo en el caso de reclamaciones en materia de responsabilidad patrimonial del Estado por el funcionamiento anormal de la Administración de Justicia?

a) Tres meses.

b) Dos meses.

c) Un mes.

16. ¿Pueden dar lugar las alegaciones que presenten los interesados por defectos de tramitación que supongan paralización, infracción de los plazos preceptivamente señalados o la omisión de trámites, a algún tipo de responsabilidad?

a) No.
b) Sí, a responsabilidad penal.
c) Sí, a responsabilidad disciplinaria.

17. Durante el trámite de audiencia, los interesados podrán alegar y presentar los documentos y justificaciones que estimen pertinentes, en un plazo:

a) No superior a treinta días.
b) No superior a veinte días.
c) No inferior a diez días ni superior a quince.

18. Con respecto a la información pública:

a) El órgano al que corresponda la instrucción del procedimiento, cuando la naturaleza de este lo requiera, podrá acordar un período de información pública.
b) El período de información pública se publicará mediante un anuncio en un diario de la localidad a fin de que cualquier persona física o jurídica pueda examinar el expediente, o la parte del mismo que se acuerde.
c) El anuncio señalará el lugar de exhibición, debiendo estar en todo caso a disposición de las personas que lo soliciten a través de medios electrónicos en la sede electrónica correspondiente, y determinará el plazo para formular alegaciones.

19. El plazo para formular alegaciones previsto en el trámite de información pública, en ningún caso podrá ser inferior a:

a) Treinta días.
b) Veinte días.
c) Quince días.

20. La audiencia al interesado es:

a) Potestativa siempre.
b) Obligatoria en todo caso.
c) Puede no darse en determinados supuestos tasados.

21. Los gastos de la práctica de las pruebas corren a cargo:

a) Del interesado.
b) Del interesado y de la Administración Pública, según los casos.
c) De la Administración Pública.

22. Los actos de instrucción que requieran la intervención de los interesados habrán de practicarse en la forma que resulte más conveniente para ellos y sea compatible, en la medida de lo posible, con sus obligaciones:

a) Administrativas.
b) Personales.
c) Laborales o profesionales.

23. La Administración comunicará a los interesados el inicio de las actuaciones necesarias para la realización de las pruebas que hayan sido admitidas:

a) Con 24 horas de antelación.
b) Con 48 horas de antelación.
c) Con antelación suficiente.

24. Si el informe debiera ser emitido por una Administración Pública distinta de las que tramita el procedimiento en orden a expresar el punto de vista correspondiente a sus competencias respectivas, y transcurriera el plazo sin que aquel se hubiera emitido:

a) Se suspenderá el procedimiento.
b) Se podrán proseguir las actuaciones.
c) Se podrá ampliar el plazo para emitir el informe hasta 5 días más.

25. En el caso de los procedimientos de responsabilidad patrimonial será:

a) Facultativo solicitar informe al servicio cuyo funcionamiento haya ocasionado la presunta lesión indemnizable, no pudiendo exceder de 10 días el plazo de su emisión.
b) Facultativo solicitar informe al servicio cuyo funcionamiento haya ocasionado la presunta lesión indemnizable, no pudiendo exceder de 5 días el plazo de su emisión.
c) Preceptivo solicitar informe al servicio cuyo funcionamiento haya ocasionado la presunta lesión indemnizable, no pudiendo exceder de 10 días el plazo de su emisión.

26. El trámite de audiencia se realiza:

a) Inmediatamente antes de redactar la propuesta de resolución.
b) Inmediatamente antes de la información pública.
c) Inmediatamente después de la práctica de la prueba.

27. ¿Cuál es la duración mínima del período de prueba?

a) 10 días.
b) 15 días.
c) 20 días.

28. ¿Cuál es la duración máxima del período extraordinario de prueba?

a) 10 días.
b) 15 días.
c) 20 días.

29. El instructor del procedimiento administrativo, ¿puede rechazar las pruebas propuestas por las personas interesadas?

a) Sí, mediante resolución motivada.
b) Únicamente cuando sean manifiestamente improcedentes.
c) No, salvo que sean manifiestamente improcedentes o innecesarias, mediante resolución motivada.

30. ¿Quién asume el coste de la práctica de las pruebas?

a) La persona interesada en todo caso.
b) La persona interesada cuando las pruebas hayan sido admitidas a petición del interesado y la Administración entienda que no debe soportar el coste de su práctica.
c) En determinados casos, la Administración podrá exigir a la persona interesada el anticipo de los gastos que origine su práctica, a reserva de la liquidación definitiva que irá siempre a cargo de la Administración.

31. A efectos de la LPACAP, se solicitarán aquellos informes que sean...por las disposiciones legales:

a) Preceptivos.
b) Facultativos.
c) Vinculantes.

32. Un informe que obliga al órgano competente a resolver teniendo en cuenta el contenido del informe se denomina:

a) Preceptivo.
b) Facultativo.
c) Vinculante.

33. Los informes tienen la consideración de:

a) Actos administrativos.
b) Documentos privados del sector público.
c) Documentos públicos administrativos.

34. La evacuación de un informe, ¿se debe realizar en el plazo de diez días en cualquier procedimiento?

a) Sí, en todo caso.
b) No, si una disposición exige otro plazo mayor o menor.
c) Sí, especialmente cuando no se garantice el cumplimiento del resto de los plazos del procedimiento.

35. ¿Qué efecto tiene la no emisión de un informe en el plazo señalado?

a) Se podrán proseguir las actuaciones si se trata de un informe facultativo.
b) Se incoará el correspondiente procedimiento de responsabilidad sancionadora al responsable de la demora.
c) Se podrá suspender el transcurso del plazo máximo legal para resolver el procedimiento si se trata de un informe preceptivo.

36. Si el informe debiera ser emitido por una Administración Pública distinta de la que tramita el procedimiento y transcurriera el plazo sin que aquél se hubiera emitido:

a) Se podrán proseguir las actuaciones.
b) Se incoará el correspondiente procedimiento de responsabilidad disciplinaria al responsable de la demora.
c) Se podrán proseguir las actuaciones siempre que no se trate de un informe vinculante.

37. ¿Cuál es el órgano que interviene en la emisión de dictámenes en procedimientos de responsabilidad patrimonial de la Administración General del Estado?

a) El Consejo de Ministros.
b) El Consejo Económico y Social.
c) El Consejo de Estado.

38. ¿En qué plazo se debe emitir el dictamen cuando se reclame una indemnización por responsabilidad patrimonial de 80.000 €?

a) En diez días.
b) En dos meses.
c) En tres meses.

39. ¿Qué limitaciones se tendrán en cuenta para hacer efectivo el trámite de audiencia?

a) Las previstas en la Ley orgánica 3/2018, de 5 de diciembre.
b) Las previstas en la Ley 15/2022, de 12 de julio.
c) Las previstas en la Ley 19/2013, de 9 de diciembre.

40. La presentación de alegaciones, documentos y justificaciones en el trámite de audiencia, ¿es obligatoria para las personas interesadas?

a) Sí, en un plazo no inferior a diez días ni superior a quince.

b) No, si antes del vencimiento del plazo las personas interesadas manifiestan su decisión de no efectuar alegaciones ni aportar nuevos documentos o justificaciones, se tendrá por realizado el trámite.

c) Únicamente en las reclamaciones de responsabilidad patrimonial y en los procedimientos de naturaleza sancionadora.

Solución al test n.º 12

1. b) De oficio y a través de medios electrónicos.

2. c) Contradicción y de igualdad de los interesados en el procedimiento.

3. b) En cualquier momento del procedimiento anterior al trámite de audiencia.

4. a) En cualquier momento.

5. b) Dos meses.

6. a) Por un plazo no superior a treinta días ni inferior a diez.

7. c) Por un plazo no superior a diez días.

8. c) La Ley 1/2000, de 7 de enero, de Enjuiciamiento Civil.

9. c) Con antelación suficiente.

10. c) Facultativos y no vinculantes.

11. c) A través de medios electrónicos y en el plazo de diez días.

12. c) No pudiendo exceder de diez días el plazo de su emisión.

13. a) De cuantía igual o superior a 50.000 euros o a la que se establezca en la correspondiente legislación autonómica.

14. c) Del Consejo General del Poder Judicial.

15. b) Dos meses.

16. c) Sí, a responsabilidad disciplinaria.

17. c) No inferior a diez días ni superior a quince.

18. c) El anuncio señalará el lugar de exhibición, debiendo estar en todo caso a disposición de las personas que lo soliciten a través de medios electrónicos en la sede electrónica correspondiente, y determinará el plazo para formular alegaciones.

19. b) Veinte días.

20. c) Puede no darse en determinados supuestos tasados.

21. b) Del interesado y de la Administración Pública, según los casos.

22. c) Laborales o profesionales.

23. c) Con antelación suficiente.

24. b) Se podrán proseguir las actuaciones.

25. c) Preceptivo solicitar informe al servicio cuyo funcionamiento haya ocasionado la presunta lesión indemnizable, no pudiendo exceder de 10 días el plazo de su emisión.

26. a) Inmediatamente antes de redactar la propuesta de resolución.

27. a) 10 días.

28. a) 10 días.

29. c) No, salvo que sean manifiestamente improcedentes o innecesarias, mediante resolución motivada.

30. b) La persona interesada cuando las pruebas hayan sido admitidas a petición del interesado y la Administración entienda que no debe soportar el coste de su práctica.

31. a) Preceptivos.

32. c) Vinculante.

33. c) Documentos públicos administrativos.

34. b) No, si una disposición exige otro plazo mayor o menor.

35. c) Se podrá suspender el transcurso del plazo máximo legal para resolver el procedimiento si se trata de un informe preceptivo.

36. a) Se podrán proseguir las actuaciones.

37. c) El Consejo de Estado.

38. b) En dos meses.

39. c) Las previstas en la Ley 19/2013, de 9 de diciembre.

40. b) No, si antes del vencimiento del plazo las personas interesadas manifiestan su decisión de no efectuar alegaciones ni aportar nuevos documentos o justificaciones, se tendrá por realizado el trámite.

Finalización del procedimiento

1. La resolución de un procedimiento administrativo:

a) Ha de limitarse a lo solicitado por el interesado.
b) No puede conceder más de lo pedido.
c) Debe resolver lo solicitado y cuanto se derive del propio expediente.

2. Cuando la sanción tenga únicamente carácter pecuniario o bien quepa imponer una sanción pecuniaria y otra de carácter no pecuniario pero se ha justificado la improcedencia de la segunda, el pago voluntario por el presunto responsable, en cualquier momento anterior a la resolución, implicará la terminación del procedimiento, salvo en lo relativo a la reposición de la situación alterada o a la determinación de la indemnización por los daños y perjuicios causados por la comisión de la infracción. En ambos casos, cuando la sanción tenga únicamente carácter pecuniario, el órgano competente para resolver el procedimiento aplicará reducciones de:

a) Al menos, el 20% sobre el importe de la sanción propuesta.
b) Al menos, el 25% sobre el importe de la sanción propuesta.
c) Como máximo, el 30% sobre el importe de la sanción propuesta.

3. ¿Podrá ser incrementado el porcentaje de reducción previsto en la Ley 39/2015, de 1 de octubre, para las sanciones pecuniarias?

a) En ningún caso.
b) Sí, mediante ley.
c) Sí, mediante reglamento.

4. El acuerdo de realización de actuaciones complementarias se notificará a los interesados, concediéndoseles un plazo para formular las alegaciones que tengan por pertinentes tras la finalización de las mismas, de:

a) Veinte días.
b) Quince días.
c) Siete días.

5. Señala la respuesta incorrecta. Pondrán fin al procedimiento:

a) El desistimiento.
b) La renuncia al derecho en que se funde la solicitud, cuando tal renuncia esté prohibida por el ordenamiento jurídico.
c) La resolución.

6. La Ley 39/2015, de 1 de octubre, del Procedimiento Administrativo Común de las Administraciones Públicas, en su art. 85 establece, respecto a la terminación en los procedimientos sancionadores, que:

a) Iniciado un procedimiento sancionador, si el infractor reconoce su responsabilidad, se podrá resolver el procedimiento con la imposición de la sanción que proceda.
b) Iniciado un procedimiento sancionador, en todo caso se podrá resolver el procedimiento con la imposición de una sanción.
c) Iniciado un procedimiento sancionador, en ningún caso se podrá resolver el procedimiento con la imposición de una sanción.

7. Las Administraciones Públicas podrán celebrar acuerdos, pactos, convenios o contratos, con el alcance, efectos y régimen jurídico específico que, en su caso, prevea la disposición que lo regule:

a) No pudiendo tales actos tener la consideración de finalizadores de los procedimientos administrativos o insertarse en los mismos con carácter previo, vinculante o no, a la resolución que les ponga fin.
b) No pudiendo tales actos tener la consideración de finalizadores de los procedimientos administrativos o insertarse en los mismos con carácter posterior, vinculante, a la resolución que les ponga fin.
c) Pudiendo tales actos tener la consideración de finalizadores de los procedimientos administrativos o insertarse en los mismos con carácter previo, vinculante o no, a la resolución que les ponga fin.

8. En ningún caso podrá la Administración abstenerse de resolver so pretexto de silencio, oscuridad o insuficiencia de los preceptos legales aplicables al caso:

a) Aunque podrá acordarse la inadmisión de las solicitudes de reconocimiento de derechos no previstos en el ordenamiento jurídico o manifiestamente carentes de fundamento, sin perjuicio del derecho de petición previsto por el art. 27 de la Constitución.
b) Aunque podrá acordarse la inadmisión de las solicitudes de reconocimiento de derechos no previstos en el ordenamiento jurídico o manifiestamente carentes de fundamento, sin perjuicio del derecho de petición previsto por el art. 29 de la Constitución.
c) Ni podrá acordarse la inadmisión de las solicitudes de reconocimiento de derechos no previstos en el ordenamiento jurídico o manifiestamente carentes de fundamento, sin perjuicio del derecho de petición previsto por el art. 27 de la Constitución.

9. Los acuerdos, pactos, convenios o contratos que celebren las Administraciones Públicas:

a) Deberán publicarse cuando así se establezcan en los mismos.

b) Deberán publicarse o no según su naturaleza y las personas a las que estuvieran destinados.

c) Deberán publicarse en el Diario Oficial correspondiente en el plazo de 10 días desde su firma.

10. ¿Se puede prescindir del trámite de audiencia?

a) Únicamente en los procedimientos de responsabilidad patrimonial a los que se refiere el art. 32.9 de la Ley 40/2015, de 1 de octubre.

b) No, en ningún caso.

c) Sí, en determinados casos.

11. Si la Administración omite el trámite de audiencia siendo éste preceptivo, ¿cómo se declaran las actuaciones?

a) Irregulares.

b) Discrecionales.

c) Nulas.

12. ¿Cuál de los siguientes es un acto de audiencia indiscriminada?

a) Trámite de audiencia.

b) Alegaciones.

c) Información pública.

13. ¿Cuál es el plazo máximo para formular alegaciones en el trámite de información pública?

a) 10 días.

b) 20 días.

c) Ninguna de las respuestas anteriores es correcta.

14. En relación con las modalidades de finalización del procedimiento, indica la opción imposible des del punto de vista jurídico:

a) La declaración de caducidad.

b) La imposibilidad material de continuar el procedimiento por causas sobrevenidas.

c) La renuncia a un derecho fundamental en que esté fundada una solicitud.

15. ¿Qué modalidad de terminación del procedimiento contiene la decisión sobre el fondo del asunto?

a) La resolución, el desistimiento y la declaración de caducidad.
b) Cualquier modalidad de terminación del procedimiento debe contener la decisión sobre el fondo del asunto.
c) La resolución.

16. Los actos que celebren las Administraciones Públicas en la terminación convencional:

a) Siempre tendrán la consideración de finalizadores de los procedimientos administrativos.
b) Se podrán insertar en los procedimientos administrativos con carácter previo, vinculante o no, a la resolución que les ponga fin.
c) Se deberán insertar en los procedimientos administrativos con carácter previo y vinculante, a la resolución que les ponga fin.

17. ¿Es obligatoria la publicación de los instrumentos de terminación convencional?

a) No, en ningún caso.
b) No, es suficiente el pacto del instrumento que contiene la terminación convencional.
c) Se deberá publicar o no según su naturaleza y las personas destinatarias.

18. Los instrumentos de terminación convencional están sujetos al cumplimiento de determinados requisitos. Identifique cuál de los siguientes NO es correcto:

a) Deberán identificar el ámbito personal, funcional y territorial.
b) No supondrán alteración de las competencias atribuidas a los órganos administrativos.
c) Podrán versar, excepcionalmente, sobre materias no susceptibles de transacción.

19. Si se acuerda la realización de actuaciones complementarias indispensables para resolver el procedimiento, ¿cuál de las siguientes reglas es INCORRECTA?

a) El acuerdo de realización de actuaciones complementarias se notificará a las personas interesadas.
b) Durante la práctica de las actuaciones complementarias no se suspenderá el plazo para resolver el procedimiento.
c) Las actuaciones complementarias deberán practicarse en un plazo no superior a quince días.

20. Cuando se trate de cuestiones conexas que no hubieran sido planteadas por los interesados, ¿el órgano competente puede pronunciarse sobre las mismas en la resolución que ponga fin al procedimiento?

a) Sí, porque la resolución que ponga fin al procedimiento decidirá todas las cuestiones planteadas por los interesados y aquellas otras derivadas del mismo.

b) Sí, en ejercicio de las potestades administrativas que tiene atribuidas.

c) Sí, siempre que lo ponga antes de manifiesto a los interesados, para que formulen las alegaciones que estimen pertinentes y aporten, en su caso, los medios de prueba.

21. En los procedimientos tramitados a solicitud de persona interesada, ¿qué principio esencial debe respetar la resolución que ponga fin al procedimiento?

a) Oficialidad.

b) Contradicción.

c) Congruencia.

22. Las resoluciones que contienen la decisión, ¿serán motivadas?

a) Sí, en todo caso.

b) Sí, cuando se dicten en el ejercicio de potestades regladas.

c) Sí, cuando se separen del criterio seguido en actuaciones precedentes.

23. ¿Cuál de los siguientes extremos NO deberá contener la resolución?

a) La decisión.

b) Los recursos que procedan contra la decisión.

c) El órgano administrativo o judicial competente para resolver los recursos que se interpongan contra la decisión.

24. La Administración podrá:

a) Incorporar al texto de la resolución informes o dictámenes.

b) Abstenerse de resolver so pretexto de silencio, oscuridad o insuficiencia de los preceptos legales aplicables al caso.

c) Admitir solicitudes de reconocimiento de derechos no previstos en el ordenamiento jurídico.

Solución al test n.º 13

1. c) Debe resolver lo solicitado y cuanto se derive del propio expediente.

2. a) Al menos, el 20 % sobre el importe de la sanción propuesta.

3. c) Sí, mediante reglamento.

4. c) Siete días.

5. b) La renuncia al derecho en que se funde la solicitud, cuando tal renuncia esté prohibida por el ordenamiento jurídico.

6. a) Iniciado un procedimiento sancionador, si el infractor reconoce su responsabilidad, se podrá resolver el procedimiento con la imposición de la sanción que proceda.

7. c) Pudiendo tales actos tener la consideración de finalizadores de los procedimientos administrativos o insertarse en los mismos con carácter previo, vinculante o no, a la resolución que les ponga fin.

8. b) Aunque podrá acordarse la inadmisión de las solicitudes de reconocimiento de derechos no previstos en el ordenamiento jurídico o manifiestamente carentes de fundamento, sin perjuicio del derecho de petición previsto por el art. 29 de la Constitución.

9. b) Deberán publicarse o no según su naturaleza y las personas a las que estuvieran destinados.

10. c) Sí, en determinados casos.

11. c) Nulas.

12. c) Información pública.

13. c) Ninguna de las respuestas anteriores es correcta.

14. c) La renuncia a un derecho fundamental en que esté fundada una solicitud.

15. c) La resolución.

16. b) Se podrán insertar en los procedimientos administrativos con carácter previo, vinculante o no, a la resolución que les ponga fin.

17. c) Se deberá publicar o no según su naturaleza y las personas destinatarias.

18. c) Podrán versar, excepcionalmente, sobre materias no susceptibles de transacción.

19. b) Durante la práctica de las actuaciones complementarias no se suspenderá el plazo para resolver el procedimiento.

20. c) Sí, siempre que lo ponga antes de manifiesto a los interesados, para que formulen las alegaciones que estimen pertinentes y aporten, en su caso, los medios de prueba.

21. c) Congruencia.

22. c) Sí, cuando se separen del criterio seguido en actuaciones precedentes.

23. c) El órgano administrativo o judicial competente para resolver los recursos que se interpongan contra la decisión.

24. a) Incorporar al texto de la resolución informes o dictámenes.

TEST N.º 14

Los recursos administrativos

1. El recurso de alzada contra actos que no agotan la vía administrativa es:

a) Extraordinario.
b) La regla general.
c) Especial.

2. El plazo máximo para dictar y notificar la resolución de un recurso de reposición será de:

a) 1 mes.
b) 2 meses.
c) 3 meses.

3. El recurso de reposición contra actos que no agotan la vía administrativa es:

a) Ordinario.
b) Extraordinario.
c) Inexistente.

4. Para plantear un recurso administrativo:

a) Hay que tener capacidad jurídica, sin requerirse la capacidad de obrar.
b) Basta con la capacidad de obrar.
c) Puede hacerlo quien ostente la condición de interesado.

5. Para que pueda entablarse un recurso extraordinario de revisión por error de hecho, este:

a) Ha de ser declarado por sentencia judicial firme.
b) Ha de haberse adoptado por cohecho.
c) Ha de derivar de documentos habidos en el expediente.

6. No es motivo bastante para interponer un recurso de revisión que:

a) Se haya incurrido en manifiesto error de hecho al dictar el acto.
b) Hubiere mediado cohecho en la resolución.
c) Se haya dictado por órgano manifiestamente incompetente.

7. Se puede sustituir en determinados supuestos por procedimientos de mediación y arbitraje el:

a) Recurso de alzada.
b) Recurso de revisión.
c) Las respuestas a) y c) son ciertas.

8. El recurso de revisión es:

a) Unitario.
b) Ordinario.
c) Extraordinario.

9. El recurso de alzada se presentará:

a) Ante el superior jerárquico del órgano que dictó el acto.
b) Ante el Tribunal contencioso competente.
c) Indistintamente, ante el órgano que dictó el acto o el superior jerárquico que deba decidirlo.

10. El silencio administrativo en el recurso de alzada puede ser positivo en el siguiente caso:

a) Cuando el recurso se presentó contra un acto presunto desestimatorio de la solicitud del ciudadano.
b) Cuando perjudique al ciudadano.
c) Siempre que beneficie al interés público.

11. Cuando una persona interpone un recurso de alzada denominándolo como recurso de revisión:

a) Deberá desestimarse el recurso por improcedente.
b) Deberá notificársele el error para que lo subsane.
c) Deberá resolverse, si del propio recurso se deduce su carácter.

12. El recurso extraordinario de revisión por manifiesto error de hecho debe plantearse:

a) A los tres meses desde que se produjo.
b) A los cuatro años desde que se conoció.
c) Dentro de los cuatro años desde la notificación del acto.

13. La resolución de un recurso:

a) Debe circunscribirse a lo solicitado por el recurrente.
b) Resolverá cuantas cuestiones se deduzcan del expediente.
c) No es necesario que se motive.

14. La terminación presunta del recurso extraordinario de revisión se dará:

a) A los tres meses de su interposición.
b) Al mes de su interposición.
c) No cabe.

15. El recurso extraordinario de revisión se interpone contra:

a) Cualquier acto administrativo.
b) Actos que no agotan la vía administrativa.
c) Los actos firmes exclusivamente.

16. La resolución presunta del recurso de alzada se dará, si no recae resolución, al/a los:

a) Quince días de interponerlo.
b) Mes de su interposición.
c) En cualquier momento a partir del día siguiente a aquel en que, de acuerdo con su normativa específica, se produzcan los efectos del silencio administrativo.

17. Si el recurso de alzada se hubiera interpuesto ante el órgano que dictó el acto impugnado, este deberá remitirlo al competente, con su informe y con una copia completa y ordenada del expediente, en el plazo de:

a) Un mes.
b) Veinte días.
c) Diez días.

18. Cuál es el plazo máximo para dictar y notificar la resolución del recurso potestativo de reposición:

a) Tres meses.
b) Un mes.
c) Veinte días.

19. A tenor del art. 115 LPACAP, la interposición del recurso administrativo deberá expresar:

a) El acto que se recurre y la razón de su impugnación.
b) El nombre y apellidos del recurrente, así como la identificación personal del mismo.
c) Todas las respuestas son correctas.

20. Señala la respuesta incorrecta respecto al recurso administrativo:

a) La interposición de cualquier recurso suspenderá la ejecución del acto impugnado.

b) La ejecución del acto impugnado se entenderá suspendida si transcurrido un mes desde que la solicitud de suspensión haya tenido entrada en el registro electrónico de la Administración u Organismo competente para decidir sobre la misma, el órgano a quien competa resolver el recurso no ha dictado y notificado resolución expresa al respecto.

c) Cuando el recurso tenga por objeto la impugnación de un acto administrativo que afecte a una pluralidad indeterminada de personas, la suspensión de su eficacia habrá de ser publicada en el periódico oficial en que aquel se insertó.

21. Cuál es el plazo máximo para dictar y notificar la resolución del recurso de alzada:

a) Seis meses.
b) Tres meses.
c) Un mes.

22. Transcurrido qué plazo desde la interposición del recurso extraordinario de revisión sin haberse dictado y notificado la resolución, se entenderá desestimado, quedando expedita la vía jurisdiccional contencioso-administrativa:

a) Tres meses.
b) Dos meses.
c) Un mes.

23. Qué recurso cabe en vía administrativa contra las disposiciones administrativas de carácter general:

a) De alzada.
b) Potestativo de reposición.
c) Ninguno.

24. A tenor del art. 114.1 LPACAP ponen fin a la vía administrativa:

a) Los acuerdos, pactos, convenios o contratos que tengan la consideración de finalizadores del procedimiento.
b) Las resoluciones de los recursos de alzada.
c) Todas las respuestas son correctas.

Solución al test n.º 14

1. b) La regla general.

2. a) 1 mes.

3. c) Inexistente.

4. c) Puede hacerlo quien ostente la condición de interesado.

5. c) Ha de derivar de documentos habidos en el expediente.

6. c) Se haya dictado por órgano manifiestamente incompetente.

7. c) Las respuestas a) y c) son ciertas.

8. c) Extraordinario.

9. c) Indistintamente, ante el órgano que dictó el acto o el superior jerárquico que deba decidirlo.

10. a) Cuando el recurso se presentó contra un acto presunto desestimatorio de la solicitud del ciudadano.

11. c) Deberá resolverse, si del propio recurso se deduce su carácter.

12. c) Dentro de los cuatro años desde la notificación del acto.

13. b) Resolverá cuantas cuestiones se deduzcan del expediente.

14. a) A los tres meses de su interposición.

15. c) Los actos firmes exclusivamente.

16. c) En cualquier momento a partir del día siguiente a aquel en que, de acuerdo con su normativa específica, se produzcan los efectos del silencio administrativo.

17. c) Diez días.

18. b) Un mes.

19. c) Todas las respuestas son correctas.

20. a) La interposición de cualquier recurso suspenderá la ejecución del acto impugnado.

21. b) Tres meses.

22. a) Tres meses.

23. c) Ninguno.

24. c) Todas las respuestas son correctas.

El personal al servicio de las Administraciones Públicas

1. ¿De qué forma se aprobó la vigente Ley del Estatuto Básico del Empleado Público?

a) Por una Ley Orgánica.
b) Mediante un Texto Refundido.
c) Mediante una Ley de Bases.

2. El Estatuto Básico del Empleado Público (EBEP) contiene:

a) Aquello que es común al conjunto de los empleados públicos de todas las Administraciones Públicas.
b) Las normas legales específicas aplicables a los empleados públicos de todas las Administraciones Públicas.
c) Aquello que es común al conjunto de los funcionarios de todas las Administraciones Públicas, más las normas legales específicas aplicables al personal laboral a su servicio.

3. Los órganos de selección serán colegiados y su composición deberá ajustarse a los principios de:

a) Imparcialidad y profesionalidad de sus miembros.
b) Representatividad y homogeneidad.
c) Publicidad y transparencia.

4. ¿Cuál es la edad mínima para poder participar en los procesos selectivos de acceso al empleo público?

a) 14 años.
b) 16 años.
c) 17 años.

5. El funcionario que haya perdido su condición por cambio de nacionalidad, si recupera la nacionalidad:

a) Volverá automáticamente al puesto de trabajo que ocupaba.
b) No podrá volver a ejercer como funcionario.
c) Podrá solicitar la rehabilitación.

6. Será aceptada expresamente por la Administración la renuncia voluntaria a la condición de funcionario en el siguiente caso:

a) Cuando el funcionario esté sujeto a expediente disciplinario.
b) Cuando contra el funcionario haya sido dictado auto de procesamiento por la comisión de algún delito.
c) Cuando el funcionario se encuentre en la situación de excedencia forzosa.

7. La suspensión firme por sanción disciplinaria no podrá exceder de:

a) 2 años.
b) 3 años.
c) 6 años.

8. Quienes se encuentren en situación de servicios especiales:

a) Percibirán las retribuciones que les correspondan como funcionarios de carrera.
b) Tendrán derecho a reingresar al servicio activo en el mismo puesto que ocupaban en el momento del nombramiento que originó el pase a la situación de servicios especiales.
c) El tiempo que permanezcan en tal situación se les computará a efectos de ascensos, reconocimiento de trienios, promoción interna y derechos en el régimen de Seguridad Social que les sea de aplicación.

9. Según el EBEP, los funcionarios de carrera podrán obtener la excedencia voluntaria por interés particular cuando hayan prestado servicios efectivos en cualquiera de las Administraciones Públicas durante un periodo mínimo de:

a) Tres años, en los últimos cinco años.
b) Tres años inmediatamente anteriores.
c) Cinco años inmediatamente anteriores.

10. A tenor del artículo 14 del EBEP, los empleados públicos tienen derecho:

a) A la inamovilidad en la condición de funcionario de carrera.
b) A la formación continua y a la actualización permanente de sus conocimientos y capacidades profesionales, preferentemente fuera del horario laboral.
c) A la libertad de expresión, sin restricción alguna.

11. Para tener derecho a la promoción interna, los funcionarios deberán tener una antigüedad de servicio activo en el inferior subgrupo o grupo de clasificación profesional, de al menos:

a) Dos años.
b) Tres años.
c) Cuatro años.

12. Según el EBEP, la continuidad en un puesto de trabajo obtenido por concurso quedará vinculada a:

a) La evaluación del desempeño.
b) La idoneidad.
c) La antigüedad.

13. La cuantía y estructura de las retribuciones complementarias de los funcionarios se establecerán por:

a) Ley estatal.
b) Las correspondientes leyes de cada Administración Pública.
c) Real Decreto del Consejo de Ministros.

14. ¿Podrá percibirse participación en tributos o en cualquier otro ingreso de las Administraciones Públicas como contraprestación de cualquier servicio, participación o premio en multas impuestas?

a) No, en ningún caso.
b) Sí, en cualquier caso.
c) No, excepto cuando estuviesen normativamente atribuidas a los servicios.

15. Completa la siguiente frase: "Los empleados públicos tienen derecho a la negociación colectiva, representación y …………… para la determinación de sus condiciones de trabajo":

a) Evaluación del desempeño.
b) Huelga.
c) Participación institucional.

16. A tenor del artículo 39 del EBEP los órganos específicos de representación de los funcionarios son:

a) Los Comités de Empresa y los Delegados de Prevención.
b) Los Delegados de Personal y las Juntas de Personal.
c) Las Mesas Generales de Negociación y las Mesas Sectoriales.

17. La facultad de elegir representantes y constituir órganos unitarios a través de los cuales se instrumente la interlocución entre las Administraciones Públicas y sus empleados, es lo que el EBEP denomina:

a) Representación.
b) Participación.
c) Legitimación.

18. Los funcionarios públicos tendrán un permiso por matrimonio de:

a) 10 días.
b) 15 días.
c) 20 días.

19. En el permiso de 16 semanas del progenitor diferente de la madre biológica por nacimiento, guarda con fines de adopción, acogimiento o adopción de un hijo o hija, serán en todo caso de descanso obligatorio:

a) Las seis semanas inmediatas posteriores al hecho causante.
b) Las tres semanas inmediatas posteriores al hecho causante.
c) Los quince días inmediatos posteriores al hecho causante.

20. Según los principios de conducta establecidos en el EBEP, los empleados públicos deberán mantener actualizados:

a) Los estándares de calidad.
b) Los medios de comunicación con los ciudadanos.
c) Su formación y cualificación.

21. Los empleados públicos no podrán contraer obligaciones económicas ni intervenir en operaciones financieras, obligaciones patrimoniales o negocios jurídicos con personas o entidades cuando, respecto a las obligaciones de su puesto público, puedan suponer:

a) Un conflicto de intereses.
b) Una segunda ocupación.
c) Una distracción de sus intereses.

22. ¿Cuál de los siguientes es un principio de conducta de los empleados públicos?

a) Cumplir con diligencia las tareas que les correspondan o se les encomienden y, en su caso, resolver dentro de plazo los procedimientos o expedientes de su competencia.
b) No aceptar ningún trato de favor o situación que implique privilegio o ventaja injustificada, por parte de personas físicas o entidades privadas.
c) Realizar el desempeño de las tareas correspondientes a su puesto de trabajo de forma diligente y cumpliendo la jornada y el horario establecidos.

23. La suspensión provisional como medida cautelar en la tramitación de un expediente disciplinario no podrá exceder, salvo en caso de paralización del procedimiento imputable al interesado, de:

a) 6 meses.
b) 12 meses.
c) 18 meses.

24. Según el artículo 55.2 del EBEP, en la actuación de los órganos de selección se garantizará el cumplimiento del principio de independencia y:

a) Discreción técnica.
b) Imparcialidad.
c) Transparencia.

25. Cuando finalizada la causa que determinó el pase a una situación distinta a la de servicio activo se incumpla la obligación de solicitar el reingreso al servicio activo en el plazo en que se determine reglamentariamente:

a) El interesado perderá la condición de funcionario.
b) Procederá declarar de oficio la excedencia voluntaria por interés particular.
c) Procederá declarar de oficio la suspensión de funciones.

Solución al test n.º 15

1. b) Mediante un Texto Refundido.

2. c) Aquello que es común al conjunto de los funcionarios de todas las Administraciones Públicas, más las normas legales específicas aplicables al personal laboral a su servicio.

3. a) Imparcialidad y profesionalidad de sus miembros.

4. b) 16 años.

5. c) Podrá solicitar la rehabilitación.

6. c) Cuando el funcionario se encuentre en la situación de excedencia forzosa.

7. c) 6 años.

8. c) El tiempo que permanezcan en tal situación se les computará a efectos de ascensos, reconocimiento de trienios, promoción interna y derechos en el régimen de Seguridad Social que les sea de aplicación.

9. c) Cinco años inmediatamente anteriores.

10. a) A la inamovilidad en la condición de funcionario de carrera.

11. a) Dos años.

12. a) La evaluación del desempeño.

13. b) Las correspondientes leyes de cada Administración Pública.

14. a) No, en ningún caso.

15. c) Participación institucional.

16. b) Los Delegados de Personal y las Juntas de Personal.

17. a) Representación.

18. b) 15 días.

19. a) Las seis semanas inmediatas posteriores al hecho causante.

20. c) Su formación y cualificación.

21. a) Un conflicto de intereses.

22. c) Realizar el desempeño de las tareas correspondientes a su puesto de trabajo de forma diligente y cumpliendo la jornada y el horario establecidos.

23. a) 6 meses.

24. a) Discreción técnica.

25. b) Procederá declarar de oficio la excedencia voluntaria por interés particular.

Ley 40/2015, de 1 de octubre, de Régimen Jurídico del Sector Público. Responsabilidad Patrimonial de la Administración

1. Los particulares tendrán derecho a ser indemnizados por las Administraciones Públicas correspondientes, de toda lesión que sufran en cualquiera de sus bienes y derechos, siempre que la lesión sea consecuencia:

a) De sucesos que no hubieran podido preverse, o que, previstos, fueran inevitables.
b) De casos de fuerza mayor.
c) Del funcionamiento normal o anormal de los servicios públicos.

2. La sentencia que declare la inconstitucionalidad de la norma con rango de ley producirá efectos:

a) Desde la fecha de notificación a las partes.
b) Desde la fecha de su publicación en el Boletín Oficial de la Comunidad Autónoma correspondiente.
c) Desde la fecha de su publicación en el Boletín Oficial del Estado.

3. En el caso de indemnizaciones que proceda abonar cuando el Tribunal Constitucional haya declarado, a instancia de parte interesada, la existencia de un funcionamiento anormal en la tramitación de los recursos de amparo o de las cuestiones de inconstitucionalidad, el procedimiento para fijar el importe de las indemnizaciones se tramitará por el Ministerio correspondiente, con audiencia:

a) Del Tribunal de Cuentas.
b) Del Tribunal de Constitucional.
c) Del Consejo de Estado.

4. En los supuestos de procedimientos en materia de responsabilidad patrimonial en los que exista una responsabilidad concurrente de varias Administraciones Públicas, la Administración Pública competente deberá consultar a las restantes Administraciones implicadas para que puedan exponer cuanto consideren procedente, en un plazo de:

a) Un mes.
b) Tres meses.
c) Quince días.

5. La Administración correspondiente, cuando hubiere indemnizado a los lesionados, exigirá de oficio en vía administrativa de sus autoridades y demás personal a su servicio la responsabilidad en que hubieran incurrido:

a) Por cualquier hecho en el ejercicio de sus funciones.
b) Por omisión inconsciente.
c) Por dolo, o culpa o negligencia graves.

6. En los procedimientos para la exigencia de la responsabilidad patrimonial de las autoridades y personal al servicio de las Administraciones Públicas, el acuerdo de iniciación del órgano competente se notificará a los interesados y en él deberá constar, entre otros:

a) Que podrán realizar alegaciones durante un plazo de quince días.
b) Que podrán realizar alegaciones durante un plazo de diez días.
c) Que podrán realizar alegaciones durante un plazo de veinte días.

7. Señala la respuesta incorrecta. En los procedimientos de responsabilidad patrimonial de las Administraciones Públicas, el daño alegado habrá de ser:

a) Efectivo.
b) Evaluable económicamente.
c) Determinado en su conjunto cuando sea en relación con un grupo de personas.

8. En los procedimientos para la exigencia de la responsabilidad patrimonial de las autoridades y personal al servicio de las Administraciones Públicas, el acuerdo de iniciación del órgano competente se notificará a los interesados y en él deberá constar, entre otros:

a) Que la práctica de las pruebas admitidas y cualesquiera otras que el órgano competente estime oportunas se realizarán durante un plazo de veinte días.
b) Que la práctica de las pruebas admitidas y cualesquiera otras que el interesado estime oportunas se realizarán durante un plazo de diez días.
c) Que la práctica de las pruebas admitidas y cualesquiera otras que el órgano competente estime oportunas se realizarán durante un plazo de quince días.

9. ¿Quién fijará el importe de las indemnizaciones que proceda abonar cuando el Tribunal Constitucional haya declarado, a instancia de parte interesada, la existencia de un funcionamiento anormal en la tramitación de los recursos de amparo o de las cuestiones de inconstitucionalidad?

a) El Ministerio de Hacienda.
b) El Consejo de Ministros.
c) El Tribunal de Cuentas.

10. La anulación en vía administrativa o por el orden jurisdiccional contencioso administrativo de los actos o disposiciones administrativas:

a) No presupone, por sí misma, la imposición de sanción.
b) Presupone, por sí misma, derecho a la indemnización.
c) No presupone, por sí misma, derecho a la indemnización.

11. Salvo que en ella se establezca otra cosa, la sentencia que declare el carácter de norma contraria al Derecho de la Unión Europea, producirá efectos desde la fecha de su publicación en:

a) El Boletín Oficial del Estado.
b) El portal del Consejo General del Poder Judicial.
c) En el Diario Oficial de la Unión Europea.

12. En los procedimientos para la exigencia de la responsabilidad patrimonial de las autoridades y personal al servicio de las Administraciones Públicas, el acuerdo de iniciación del órgano competente se notificará a los interesados y en él deberá constar, entre otros:

a) Que se formulará propuesta de resolución en un plazo de cinco días a contar desde la finalización del trámite de audiencia.
b) Que se formulará propuesta de resolución en un plazo de diez días a contar desde la finalización del trámite de audiencia.
c) Que se formulará propuesta de resolución en un plazo de quince días a contar desde la finalización del trámite de alegaciones.

13. En los supuestos de responsabilidad concurrente de las Administraciones Públicas, dichas Administraciones intervinientes responderán frente al particular:

a) En todo caso de forma solidaria.
b) En todo caso de forma subsidiaria.
c) De forma solidaria, excepcionalmente.

14. El procedimiento para la exigencia de la responsabilidad patrimonial de las autoridades y personal al servicio de las Administraciones Públicas, se iniciará por acuerdo del órgano competente que se notificará a los interesados y que constará, al menos de:

a) Alegaciones durante un plazo de veinte días.

b) Audiencia durante un plazo de veinte días.

c) Resolución por el órgano competente en el plazo de cinco días, tras la propuesta de resolución.

15. En el procedimiento para la exigencia de la responsabilidad patrimonial de las autoridades y personal al servicio de las Administraciones Públicas, la resolución declaratoria de responsabilidad:

a) No pone fin a la vía administrativa.

b) Pondrá fin a la vía administrativa.

c) Permite reiniciar la vía administrativa.

16. La responsabilidad penal del personal al servicio de las Administraciones Públicas se exigirá de acuerdo con lo previsto en:

a) La legislación social.

b) La legislación administrativa.

c) La legislación penal.

17. Como regla general, la exigencia de responsabilidad penal del personal al servicio de las Administraciones Públicas:

a) No suspenderá los procedimientos de reconocimiento de responsabilidad patrimonial que se instruyan.

b) Suspenderá los procedimientos de reconocimiento de responsabilidad patrimonial que se instruyan.

c) Hará que se archiven por caducidad los procedimientos de reconocimiento de responsabilidad patrimonial que se instruyan.

18. Para hacer efectiva la responsabilidad patrimonial de las autoridades y personal al servicio de las Administraciones Públicas, los particulares exigirán las indemnizaciones por los daños y perjuicios causados:

a) Al personal que ha cometido la infracción.

b) Directamente a la Administración Pública correspondiente.

c) Al personal que ha cometido la infracción y subsidiariamente a la Administración Pública correspondiente.

19. Para la exigencia y cuantificación de la responsabilidad patrimonial de las autoridades y personal al servicio de las Administraciones Públicas, no se ponderarán:

a) El resultado no dañoso producido.
b) El grado de culpabilidad.
c) La responsabilidad profesional del personal al servicio de las Administraciones Públicas.

20. ¿Ante quién deben exigir los particulares la responsabilidad patrimonial que establece la LRJSP?

a) Los particulares deben exigir la responsabilidad patrimonial directa a las autoridades y personal al servicio de las Administraciones públicas.
b) Los particulares exigirán directamente a la Administración pública correspondiente las indemnizaciones por los daños y perjuicios causados por las autoridades y personal a su servicio.
c) Los particulares exigirán las indemnizaciones por los daños y perjuicios causados, de forma mancomunada, a la Administración pública correspondiente y a las autoridades y personal a su servicio.

21. ¿Cómo se iniciará el procedimiento para la exigencia de la responsabilidad de las autoridades y demás personal al servicio de la Administración y qué norma regula dicho procedimiento?

a) El procedimiento para la exigencia de la responsabilidad de las autoridades y demás personal al servicio de la Administración, por la responsabilidad en que hubieran incurrido por dolo, o culpa o negligencia grave, se sustanciará conforme a lo dispuesto en la LPACAP y se iniciará, de oficio, por acuerdo del órgano competente que se notificará a los interesados.
b) El procedimiento para la exigencia de la responsabilidad de las autoridades y demás personal al servicio de la Administración por la responsabilidad en que hubieran incurrido por dolo, o culpa o negligencia grave se sustanciará conforme a lo dispuesto en la LRJSP y se iniciará, a instancia del lesionado, por acuerdo del órgano competente que se notificará a los interesados.
c) El procedimiento para la exigencia de la responsabilidad de las autoridades y demás personal al servicio de la Administración por la responsabilidad en que hubieran incurrido por dolo, o culpa o negligencia grave se sustanciará conforme a lo dispuesto en el Estatuto Básico del Empleado Público y se iniciará, de oficio, por acuerdo del órgano competente que se notificará a los interesados.

22. En el procedimiento para la exigencia de la responsabilidad de las autoridades y demás personal al servicio de la Administración, ¿qué plazo tendrá la audiencia?

a) Un plazo de quince días.
b) Un plazo de diez días.
c) Un plazo de cinco días.

Solución al test n.º 16

1. c) Del funcionamiento normal o anormal de los servicios públicos.

2. c) Desde la fecha de su publicación en el Boletín Oficial del Estado.

3. c) Del Consejo de Estado.

4. c) Quince días.

5. c) Por dolo, o culpa o negligencia graves.

6. a) Que podrán realizar alegaciones durante un plazo de quince días.

7. c) Determinado en su conjunto cuando sea en relación con un grupo de personas.

8. c) Que la práctica de las pruebas admitidas y cualesquiera otras que el órgano competente estime oportunas se realizarán durante un plazo de quince días.

9. b) El Consejo de Ministros.

10. c) No presupone, por sí misma, derecho a la indemnización.

11. c) En el Diario Oficial de la Unión Europea.

12. a) Que se formulará propuesta de resolución en un plazo de cinco días a contar desde la finalización del trámite de audiencia.

13. a) En todo caso de forma solidaria.

14. c) Resolución por el órgano competente en el plazo de cinco días, tras la propuesta de resolución.

15. b) Pondrá fin a la vía administrativa.

16. c) La legislación penal.

17. a) No suspenderá los procedimientos de reconocimiento de responsabilidad patrimonial que se instruyan.

18. b) Directamente a la Administración Pública correspondiente.

19. a) El resultado no dañoso producido.

20. b) Los particulares exigirán directamente a la Administración pública correspondiente las indemnizaciones por los daños y perjuicios causados por las autoridades y personal a su servicio.

21. a) El procedimiento para la exigencia de la responsabilidad de las autoridades y demás personal al servicio de la Administración, por la responsabilidad en que hubieran incurrido por dolo, o culpa o negligencia grave se sustanciará conforme a lo dispuesto en la LPACAP y se iniciará, de oficio, por acuerdo del órgano competente que se notificará a los interesados.

22. b) Un plazo de diez días.

Presupuestos locales

1. Los Presupuestos Generales de las Entidades Locales constituyen de acuerdo con el Texto Refundido de la Ley Reguladora de las Haciendas Locales:

a) La expresión de las obligaciones que, como máximo, pueden reconocer la Entidad y sus Organismos Autónomos.

b) La expresión cifrada, conjunta y sistemática de las obligaciones que, como máximo, pueden reconocer la Entidad y sus Organismos Autónomos.

c) La expresión cifrada, general y sistemática de las obligaciones que, como máximo, pueden reconocer la Entidad y sus Organismos Autónomos.

2. Las Entidades Locales elaborarán y aprobarán anualmente un Presupuesto General en el que se integrarán:

a) El Presupuesto de los organismos autónomos dependientes.

b) Los estados de previsión de gastos e ingresos de las Sociedades Mercantiles cuyo capital social pertenezca íntegramente a la Entidad Local.

c) Las respuestas a) y b) son correctas.

3. El contenido mínimo de las Bases de Ejecución del Presupuesto deberá incluir:

a) Normas que regulen el procedimiento de ejecución del Presupuesto.

b) Regulación de las transferencias de créditos.

c) Todas respuestas son correctas.

4. ¿Qué norma regula la estructura de los Presupuestos de las Entidades Locales?

a) Orden EHA/3565/2006, de 3 de diciembre, por la que se aprueba la estructura de los Presupuestos de las Entidades Locales de los bienes de uso privado.

b) Orden EHA/3565/2008, de 3 de diciembre, por la que se aprueba la estructura de los Presupuestos de las Entidades Locales.

c) Orden de 20 de septiembre de 1989 por la que se establece la estructura de los presupuestos de las entidades locales.

5. Dentro de las áreas de gasto del presupuesto, se incluye en el área de gasto 2 referente a Actuaciones de protección y promoción social:

a) Seguridad y movilidad ciudadana.
b) Pensiones.
c) Cultura.

6. ¿En qué área de gasto se incluye la política de gasto denominada "Infraestructuras"?

a) Actuaciones de carácter económico.
b) Actuaciones de carácter general.
c) Producción de bienes públicos de carácter preferente.

7. ¿En qué área de gasto se incluye la política de gasto denominada "Administración financiera y tributaria"?

a) Actuaciones de carácter general.
b) Actuaciones de carácter económico.
c) Actuaciones de protección y promoción social.

8. ¿En qué área de gasto se incluye la política de gasto denominada "Sanidad"?

a) Producción de bienes públicos de carácter preferente.
b) Actuaciones de protección y promoción social.
c) Servicios públicos básicos.

9. ¿En qué área de gasto se incluye la política de gasto denominada "Fomento del empleo"?

a) Servicios públicos básicos.
b) Actuaciones de protección y promoción social.
c) Actuaciones de carácter económico.

10. En relación con la Clasificación Económica de los Gastos del Presupuesto de las Entidades Locales se distingue entre:

a) Operaciones abiertas y cerradas.
b) Operaciones limitadas y no limitadas.
c) Operaciones financieras y no financieras.

11. Respecto a la Clasificación Económica de los Gastos del Presupuesto de las Entidades Locales, dentro del capítulo 1: Gastos de personal, se encuentra el gasto siguiente:

a) Gastos de naturaleza social.
b) Cotizaciones obligatorias de las entidades locales y de sus organismos autónomos a los distintos regímenes de Seguridad Social.
c) Todas las respuestas son verdaderas.

12. En relación con la Clasificación Económica de los Ingresos del Presupuesto de las Entidades Locales:

a) Se distinguen las operaciones no financieras de las financieras, subdividiéndose las segundas en operaciones corrientes y de capital.

b) Se distinguen las operaciones no financieras de las financieras, subdividiéndose las primeras en operaciones corrientes y de capital.

c) Se distinguen las operaciones no financieras, operaciones corrientes y de capital.

13. En relación con la Clasificación Económica de los Ingresos del Presupuesto de las Entidades Locales no forman parte de las operaciones corrientes:

a) Impuestos directos.

b) Transferencias de capital.

c) Tasas, precios públicos y otros ingresos.

14. Dentro de los Pasivos Financieros se recoge:

a) El ingreso que obtienen las entidades locales y sus organismos autónomos por la enajenación de activos financieros.

b) La financiación de las entidades locales y sus organismos autónomos procedente de la emisión de Deuda Pública.

c) Las dos respuestas anteriores son correctas.

15. ¿Quién forma el presupuesto de la Entidad Local?

a) El Presidente de la entidad.

b) El Interventor.

c) El Secretario.

16. Deberán unirse al presupuesto como documentación:

a) Anexo de las inversiones a realizar en un plazo de cuatro años.

b) Anexo de personal de la Entidad Local.

c) Liquidación de los presupuestos de ejercicios anteriores.

17. Aprobado inicialmente el presupuesto general, se expondrá al público, previo anuncio en el boletín oficial de la provincia o, en su caso, de la comunidad autónoma uniprovincial:

a) Por quince días.

b) Por treinta días.

c) Por veinte días.

18. El presupuesto se considerará definitivamente aprobado si durante el plazo de alegaciones:

a) No se hubiesen presentado reclamaciones.
b) Se hubieran presentado reclamaciones con falta de motivación.
c) Se hubieran presentado reclamaciones infundadas.

19. Únicamente podrán entablarse reclamaciones contra el Presupuesto:

a) Por ser de manifiesta insuficiencia los ingresos con relación a los gastos.
b) Por no haberse ajustado su elaboración a los trámites legalmente establecidos al efecto.
c) Todas las respuestas son válidas.

20. Si al iniciarse el ejercicio económico no hubiese entrado en vigor el presupuesto correspondiente:

a) Se iniciará de nuevo todo el procedimiento de aprobación.
b) Dará lugar a una cuestión de confianza.
c) Se considerará automáticamente prorrogado el del anterior, con sus créditos iniciales.

21. Las reglas que deben seguirse en la ejecución del Presupuesto se contienen en la/las/los:

a) Memoria del mismo.
b) Delegaciones de gastos.
c) Bases de Ejecución.

22. Los Presupuestos que se integran en el Presupuesto General de la Corporación deberán aprobarse:

a) Separadamente de este.
b) Con déficit equilibrado.
c) Sin déficit inicial.

23. La estructura de los Presupuestos de las Corporaciones Locales se fija por el:

a) Presidente de las mismas.
b) Ministerio de Hacienda.
c) Pleno de ellas.

24. En la Clasificación Económica de los Gastos no hay Capítulo:

a) De transferencias corrientes.
b) Número diez.
c) De gastos financieros.

25. Según la Clasificación Económica, los gastos se clasifican, dentro de las operaciones no financieras, en:

a) De obligaciones generales y obligaciones diversas.
b) De actividades generales y económicas.
c) De operaciones de capital y operaciones corrientes.

26. La política de gasto de los órganos de gobierno de una Corporación Local se incluye en la siguiente área de gasto:

a) 1.
b) 4.
c) 9.

27. Por su parte, la Cultura se incluye en la siguiente área de gasto:

a) 1.
b) 2.
c) 3.

28. Las partidas presupuestarias desarrollan, dentro de la Clasificación Económica de los gastos, los/las:

a) Subfunciones.
b) Subconceptos.
c) Programas.

29. El Capítulo 1 de la Clasificación Económica de los Gastos se refiere a:

a) Gastos financieros.
b) Transferencias corrientes.
c) Gastos de Personal.

30. La adquisición de activos financieros por las Entidades Locales, se recoge en el siguiente Capítulo de la Clasificación Económica de los Gastos:

a) 8.
b) 9.
c) 7.

31. Por su parte, dentro de dicha Clasificación, los gastos de indemnizaciones por razón del servicio a los funcionarios se recogen en el siguiente Capítulo:

a) Gastos de Personal.
b) Gastos en bienes corrientes y de servicios.
c) Transferencias corrientes.

32. En la Clasificación Económica de los Ingresos, la financiación de las Entidades procedente de la emisión de deuda pública se recoge en el siguiente Capítulo:

a) Transferencias corrientes.
b) Ingresos patrimoniales.
c) Pasivos Financieros.

33. El plazo de exposición al público de un Presupuesto, tras su aprobación inicial es de:

a) Treinta días hábiles.
b) Quince días hábiles.
c) Quince días naturales.

34. El Pleno de la Corporación tiene de plazo para resolver las reclamaciones presentadas en el período de exposición al público del Presupuesto:

a) Dos meses.
b) Un mes.
c) Treinta días.

35. Debe insertarse el Presupuesto íntegramente en el:

a) Diario de mayor difusión de la Provincia.
b) Boletín Oficial de la Corporación, si lo tuviere.
c) Boletín Oficial de la Provincia.

36. El Presupuesto entrará en vigor desde:

a) Su aprobación definitiva por el Pleno.
b) La recepción de copia del mismo por la Administración del Estado y de la Comunidad Autónoma respectiva.
c) El ejercicio correspondiente, una vez publicado en el boletín oficial de la corporación, si lo tuviera, y, resumido por capítulos de cada uno de los presupuestos que lo integran, en el de la provincia o, en su caso, de la Comunidad Autónoma uniprovincial.

Solución al test n.º 17

1. b) La expresión cifrada, conjunta y sistemática de las obligaciones que, como máximo, pueden reconocer la Entidad y sus Organismos Autónomos.

2. c) Las respuestas a) y b) son correctas.

3. c) Todas respuestas son correctas.

4. b) Orden EHA/3565/2008, de 3 de diciembre, por la que se aprueba la estructura de los Presupuestos de las Entidades Locales.

5. b) Pensiones.

6. a) Actuaciones de carácter económico.

7. a) Actuaciones de carácter general.

8. a) Producción de bienes públicos de carácter preferente.

9. b) Actuaciones de protección y promoción social.

10. c) Operaciones financieras y no financieras.

11. c) Todas las respuestas son verdaderas.

12. b) Se distinguen las operaciones no financieras de las financieras, subdividiéndose las primeras en operaciones corrientes y de capital.

13. b) Transferencias de capital.

14. b) La financiación de las entidades locales y sus organismos autónomos procedente de la emisión de Deuda Pública.

15. a) El Presidente de la entidad.

16. b) Anexo de personal de la Entidad Local.

17. a) Por quince días.

18. a) No se hubiesen presentado reclamaciones.

19. c) Todas las respuestas son válidas.

20. c) Se considerará automáticamente prorrogado el del anterior, con sus créditos iniciales.

21. c) Bases de Ejecución.

22. c) Sin déficit inicial.

23. b) Ministerio de Hacienda.

24. b) Número diez.

25. c) De operaciones de capital y operaciones corrientes.

26. c) 9.

27. c) 3.

28. b) Subconceptos.

29. c) Gastos de Personal.

30. a) 8.

31. a) Gastos de Personal.

32. c) Pasivos Financieros.

33. b) Quince días hábiles.

34. b) Un mes.

35. b) Boletín Oficial de la Corporación, si lo tuviere.

36. c) El ejercicio correspondiente, una vez publicado en el boletín oficial de la corporación, si lo tuviera, y, resumido por capítulos de cada uno de los presupuestos que lo integran, en el de la provincia o, en su caso, de la Comunidad Autónoma uniprovincial.

TEST N.º 18

Ley 8/2015, de 1 de abril, de Cabildos Insulares

1. ¿Cuál de los siguientes es un órgano de gobierno necesario en los cabildos insulares?

a) El Secretario General.
b) El Pleno.
c) El Consejero de Hacienda.

2. ¿Quién es el órgano de máxima representación política en el Cabildo Insular?

a) El Presidente.
b) El Consejo de Gobierno Insular.
c) El Pleno.

3. ¿Qué órgano tiene la responsabilidad de aprobar el plan insular de obras y servicios?

a) El Consejo de Gobierno.
b) El Presidente.
c) El Pleno.

4. ¿Quién convoca y preside las sesiones del Pleno del Cabildo Insular?

a) El Vicepresidente.
b) El Presidente.
c) La Junta de Portavoces.

5. ¿Cuál es la función principal del Consejo de Gobierno Insular?

a) Dirigir las áreas de gobierno.
b) Colaborar de forma colegiada en la dirección política.
c) Aprobar el presupuesto anual.

6. ¿Qué porcentaje del Consejo de Gobierno Insular puede estar formado por personas sin la condición de consejeros electos?

a) Un tercio.
b) La mitad.
c) Un cuarto.

7. ¿Qué órgano tiene la facultad de nombrar y cesar a los Vicepresidentes del Cabildo Insular?

a) El Pleno.
b) El Consejo de Gobierno.
c) El Presidente.

8. ¿Quién debe aprobar la creación de nuevas comisiones permanentes en el Cabildo Insular?

a) El Presidente.
b) El Pleno.
c) El Consejo de Gobierno.

9. ¿Cuál es una atribución del Pleno de un Cabildo Insular?

a) Aprobar las ordenanzas insulares.
b) Convocar elecciones insulares.
c) Nombrar al Vicepresidente.

10. ¿Cuál de los siguientes no es un órgano superior de los cabildos insulares?

a) El Presidente.
b) El Secretario General.
c) Los Consejeros Insulares.

11. ¿Qué órgano del Cabildo Insular puede ejercer la potestad sancionadora?

a) El Consejo de Gobierno Insular.
b) El Presidente.
c) El Pleno.

12. ¿Quién se encarga de autorizar y disponer de los gastos del Cabildo Insular?

a) El Pleno.
b) El Presidente.
c) El Secretario General.

13. ¿Qué órgano tiene la facultad de aprobar el presupuesto del Cabildo Insular?

a) El Consejo de Gobierno Insular.
b) El Pleno.
c) El Presidente.

14. ¿Quién representa al Cabildo Insular ante otras instituciones?

a) El Vicepresidente.
b) El Presidente.
c) El Pleno.

15. ¿Cuál de los siguientes es un requisito para ser titular de una Dirección Insular?

a) Ser funcionario de carrera del Estado.
b) Tener título de Bachiller.
c) Ser mayor de 30 años.

16. ¿Cuál es una función de las comisiones del Pleno del Cabildo Insular?

a) Nombrar al Presidente del cabildo.
b) Seguir la gestión del Presidente y del Consejo de Gobierno.
c) Aprobar el plan insular de obras.

17. ¿Quién debe aprobar el reglamento orgánico del Cabildo Insular?

a) El Consejo de Gobierno.
b) El Pleno.
c) El Presidente.

18. ¿Qué órgano se encarga de la gestión presupuestaria de un área o departamento insular?

a) La Dirección Insular.
b) La Junta de Portavoces.
c) La coordinación insular.

19. ¿Quién puede plantear una moción de censura al Presidente del Cabildo Insular?

a) El Pleno.
b) El Consejo de Gobierno.
c) La Junta de Portavoces.

20. ¿Qué órgano del Cabildo Insular aprueba la relación de puestos de trabajo del personal?

a) El Pleno.
b) El Consejo de Gobierno Insular.
c) El Presidente.

21. ¿Qué forma adopta un acto administrativo emitido por un consejero insular?

a) Decreto.
b) Resolución.
c) Ordenanza.

22. ¿Qué órgano puede crear organismos autónomos para la gestión de servicios públicos en el Cabildo Insular?

a) El Consejo de Gobierno Insular.
b) El Presidente.
c) El Pleno.

23. ¿Quién ejerce el control y fiscalización de los órganos de gobierno del Cabildo Insular?

a) El Consejo de Gobierno Insular.
b) El Pleno.
c) La Junta de Portavoces.

24. ¿A quién corresponde la creación de un consorcio público en el Cabildo Insular?

a) Al Pleno.
b) Al Consejo de Gobierno.
c) Al Presidente.

25. ¿Qué órgano del Cabildo Insular se encarga de revisar sus propios actos?

a) El Consejo de Gobierno Insular.
b) El Pleno.
c) El Presidente.

26. ¿Qué órgano del Cabildo Insular tiene la facultad de aprobar transferencias de competencias a otras administraciones públicas?

a) El Pleno.
b) El Presidente.
c) El Consejo de Gobierno Insular.

27. ¿Quién puede delegar la resolución de las solicitudes de acceso a la información pública en los cabildos insulares?

a) El Secretario General.
b) El Presidente.
c) El Pleno.

28. ¿Qué órgano tiene la competencia para convocar sesiones del Pleno del Cabildo Insular?

a) El Presidente.
b) El Consejo de Gobierno Insular.
c) El Vicepresidente.

29. ¿Qué órgano tiene la responsabilidad de aprobar los proyectos de ordenanzas del Cabildo Insular?

a) El Pleno.
b) El Consejo de Gobierno Insular.
c) El Presidente.

30. ¿Qué forma de descentralización funcional puede utilizar un Cabildo Insular para gestionar actividades de fomento?

a) Sociedad mercantil.
b) Organismo autónomo insular.
c) Fundación insular.

31. ¿Quién propone el número y denominación de las comisiones permanentes del Pleno?

a) El Consejo de Gobierno Insular.
b) El Presidente.
c) La Junta de Portavoces.

32. ¿Qué órgano del Cabildo Insular puede crear un organismo público dotado de personalidad jurídica diferenciada?

a) El Pleno.
b) El Consejo de Gobierno.
c) El Presidente.

33. ¿Qué órgano aprueba la modificación de las ordenanzas insulares?

a) El Consejo de Gobierno Insular.
b) El Presidente.
c) El Pleno.

34. ¿Qué órgano del Cabildo Insular puede interponer acciones judiciales en caso de urgencia?

a) El Consejo de Gobierno Insular.
b) El Presidente.
c) El Pleno.

35. ¿Quién dirige el personal del Cabildo Insular?

a) El Presidente.
b) El Pleno.
c) El Consejo de Gobierno Insular.

36. ¿Qué órgano tiene la facultad de crear una comisión especial de cuentas?

a) El Consejo de Gobierno Insular.
b) El Pleno.
c) El Presidente.

37. ¿Qué órgano del Cabildo Insular establece las áreas de gobierno?

a) El Pleno.
b) El Presidente.
c) El Consejo de Gobierno Insular.

38. ¿Qué órgano insular aprueba la cuenta general del ejercicio correspondiente?

a) El Pleno.
b) El Presidente.
c) El Consejo de Gobierno Insular.

39. ¿Qué órgano es responsable de la gestión económica del Cabildo Insular?

a) El Presidente.
b) El Consejo de Gobierno Insular.
c) El Pleno.

40. ¿Qué órgano tiene la facultad de modificar los presupuestos del Cabildo Insular?

a) El Pleno.
b) El Consejo de Gobierno Insular.
c) El Presidente.

Solución al test n.º 18

1. b) El Pleno.

2. b) El Consejo de Gobierno Insular.

3. c) El Pleno.

4. b) El Presidente.

5. b) Colaborar de forma colegiada en la dirección política.

6. a) Un tercio.

7. c) El Presidente.

8. b) El Pleno.

9. a) Aprobar las ordenanzas insulares.

10. b) El Secretario General.

11. a) El Consejo de Gobierno Insular.

12. b) El Presidente.

13. b) El Pleno.

14. b) El Presidente.

15. a) Ser funcionario de carrera del Estado.

16. b) Seguir la gestión del Presidente y del Consejo de Gobierno.

17. b) El Pleno.

18. a) La Dirección Insular.

19. a) El Pleno.

20. b) El Consejo de Gobierno Insular.

21. b) Resolución.

22. c) El Pleno.

23. b) El Pleno.

24. a) Al Pleno.

25. a) El Consejo de Gobierno Insular.

26. a) El Pleno.

27. b) El Presidente.

28. a) El Presidente.

29. b) El Consejo de Gobierno Insular.

30. b) Organismo autónomo insular.

31. b) El Presidente.

32. a) El Pleno.

33. c) El Pleno.

34. b) El Presidente.

35. a) El Presidente.

36. b) El Pleno.

37. b) El Presidente.

38. a) El Pleno.

39. b) El Consejo de Gobierno Insular.

40. a) El Pleno.

Prevención de Riesgos laborales

1. Para calificar un riesgo desde el punto de vista de su gravedad, se valorarán conjuntamente la severidad del daño y:

a) La probabilidad de que se produzca.
b) La cantidad de trabajadores de la empresa.
c) La existencia o no de equipos individuales de protección.

2. La Ley 31/1995 tiene por objeto la determinación del cuerpo básico de .... y responsabilidades preciso para establecer un adecuado nivel de protección de la salud de los trabajadores frente a los riesgos derivados de las condiciones de trabajo. Señala la palabra que falta:

a) Derechos.
b) Obligaciones.
c) Garantías.

3. Se consideran procesos potencialmente peligrosos:

a) Aquellos que, en ausencia de medidas preventivas específicas, originen riesgos para la seguridad y la salud de los trabajadores que los desarrollan o utilizan.
b) Cualquier característica del mismo que pueda tener una influencia significativa en la generación de riesgos para la seguridad y la salud del trabajador.
c) Aquellos que, en presencia de medidas preventivas específicas, originen riesgos para la seguridad y la salud de los trabajadores que los desarrollan o utilizan.

4. En el caso de exposición a agentes susceptibles de causar daños graves a la salud de los trabajadores, se considerará que existe un riesgo grave e inminente:

a) Cuando sea improbable racionalmente que se materialice en un futuro inmediato una exposición a dichos agentes de la que puedan derivarse daños graves para la salud, aun cuando estos puedan manifestarse de forma inmediata.

b) Cuando sea probable racionalmente que se materialice en un futuro inmediato una exposición a dichos agentes de la que puedan derivarse daños graves para la salud, siempre que estos se manifiesten de forma inmediata.

c) Cuando sea probable racionalmente que se materialice en un futuro inmediato una exposición a dichos agentes de la que puedan derivarse daños graves para la salud, aun cuando estos no se manifiesten de forma inmediata.

5. Toda lesión corporal que el trabajador sufra con ocasión o por consecuencia del trabajo que ejecute por cuenta ajena, se considera:

a) Enfermedad profesional.
b) Accidente de trabajo.
c) Condición de trabajo.

6. ¿Qué se entiende por "riesgo laboral"?

a) La posibilidad de que un trabajador sufra un determinado daño derivado del trabajo.
b) La posibilidad de que un trabajador sufra una enfermedad en el trabajo.
c) La posibilidad de que un trabajador sufra acoso.

7. Indica cuál es la definición de prevención:

a) La probabilidad racional de que un riesgo se materialice de forma inminente.
b) El estudio de los procesos potencialmente peligrosos para el trabajo.
c) Conjunto de actividades o medidas adoptadas o previstas en todas las fases de actividad de la empresa con el fin de evitar o disminuir los riesgos derivados del trabajo.

8. Definición de «equipo de protección individual»:

a) Cualquier equipo que permita realizar el trabajo con seguridad y comodidad.
b) Cualquier equipo de uso exclusivo de un trabajador para su protección y que esté homologado.
c) Cualquier equipo destinado a ser llevado o sujetado por el trabajador para que le proteja de uno o varios riesgos que puedan amenazar su seguridad o su salud en el trabajo.

9. Según establece el art. 4 de la Ley 31/1995, de 8 de noviembre, de Prevención de Riesgos Laborales, se define como daños derivados del trabajo:

a) La posibilidad de que un trabajador sufra un determinado daño derivado del trabajo.
b) El que resulte probable racionalmente que se materialice en un futuro inmediato y pueda suponer un daño grave para la salud de los trabajadores.
c) Las enfermedades, patologías o lesiones sufridas con motivo u ocasión del trabajo.

10. Se considera como "condición de trabajo"

a) Cualquier característica del trabajo que pueda tener una influencia significativa en la generación de riesgos para la seguridad y la salud del trabajador, quedando excluidas las características generales de los locales e instalaciones, existentes en el centro de trabajo.

b) La naturaleza de los agentes físicos, químicos y biológicos presentes en el ambiente de trabajo y sus correspondientes intensidades, concentraciones o niveles de presencia además de las instalaciones, incluidas las características organizativas del trabajo.

c) Todas aquellas características del trabajo, excluidas las relativas a su organización y ordenación, que influyan en la magnitud de los riesgos a que esté expuesto el trabajador.

11. Señala la respuesta incorrecta:

a) La Ley de Prevención de Riesgos Laborales se aplica a los operativos de Seguridad civil en casos de catástrofe.

b) La Ley de Prevención de Riesgos Laborales se aplica a las sociedades cooperativas.

c) En los establecimientos penitenciarios, se adaptarán a la Ley de Prevención de Riesgos Laborales aquellas actividades cuyas características justifiquen una regulación especial.

12. Entre los principios de la acción preventiva recogidos por el artículo 15 de la Ley de Prevención de Riesgos Laborales, no figura:

a) Evitar los riesgos.

b) Evaluar los riesgos que se puedan evitar.

c) Tener en cuenta la evolución de la técnica.

13. Podrán realizar el plan de prevención de riesgos laborales, la evaluación de riesgos y la planificación de la actividad preventiva de forma simplificada, en atención a la naturaleza y peligrosidad de las actividades realizadas, empresas cuyo número de trabajadores no exceda de:

a) 30.

b) 50.

c) 100.

14. Según la Ley de Prevención de Riesgos Laborales, es obligación de los trabajadores en materia de prevención de riesgos:

a) La protección eficaz en materia de seguridad y salud en el trabajo.

b) Utilizar correctamente los medios y equipos de protección facilitados por el empresario, de acuerdo con las instrucciones recibidas de éste.

c) Soportar el coste de las medidas relativas a la seguridad y la salud en el trabajo.

15. Cuando los trabajadores estén expuestos a un riesgo grave e inminente con ocasión de su trabajo, y el empresario no adopte o no permita la adopción de las medidas necesarias para garantizar la seguridad y la salud de los trabajadores, la Ley 31/1995, de 8 de noviembre, de Prevención de Riesgos Laborales prevé que:

a) El órgano de representación del personal instará formalmente al empresario a la adopción de las medidas necesarias.

b) Los Delegados de Prevención lo comunicarán a la autoridad laboral, que adoptará las medidas necesarias.

c) El órgano de representación de personal podrá acordar la paralización de la actividad.

16. Al sistema de acciones y medidas encaminadas a prevenir y controlar los riesgos sobre las personas y los bienes, a dar respuesta adecuada a las posibles situaciones de emergencia y a garantizar la integración de estas actuaciones con el sistema público de protección civil, se le denomina:

a) Prevención.

b) Autoprotección.

c) Previsión.

17. ¿Quién es el responsable de activar el Plan de Actuación en Emergencias?

a) El titular de la actividad, si es una persona física, o la persona que le represente si es una persona jurídica.

b) La autoridad competente de Protección Civil.

c) El Director del propio Plan de Actuación en Emergencias.

18. A efectos de la Norma Básica de Autoprotección, se entiende por alarma:

a) El aviso o señal por la que se informa a las personas para que sigan instrucciones específicas ante una situación de emergencia.

b) El conjunto de operaciones o tareas que puedan dar origen a accidentes o sucesos que generen situaciones de emergencia.

c) La situación declarada con el fin de tomar precauciones específicas debido a la probable y cercana ocurrencia de un suceso o accidente.

19. A efectos de la Norma Básica de Autoprotección, la probabilidad de que se produzca un efecto dañino específico en un periodo de tiempo determinado o en circunstancias determinadas, se denomina:

a) Riesgo.

b) Peligro.

c) Alerta.

20. A efectos de la Norma Básica de Autoprotección, al máximo número de personas que puede contener un edificio, espacio, establecimiento, recinto, instalación o dependencia, en función de la actividad o uso que en él se desarrolle, se le llama:

a) Aforo.
b) Volumen.
c) Ocupación.

21. A efectos de la Norma Básica de Autoprotección, a la vuelta a la normalidad y reanudación de la actividad, se le denomina:

a) Reingreso.
b) Rehabilitación.
c) Normalización.

22. A efectos de la Norma Básica de Autoprotección, riesgo es:

a) Elemento natural o técnico cuya función habitual no está asociada a las tareas de autoprotección y cuya disponibilidad hace posible o mejora las labores de prevención y actuación ante emergencias.
b) Probabilidad de que se produzca un efecto dañino específico en un periodo de tiempo determinado o en circunstancias determinadas.
c) Grado de pérdida o daño esperado sobre las personas y los bienes y su consiguiente alteración de la actividad socioeconómica, debido a la ocurrencia de un efecto dañino específico.

23. Avisar de la forma más rápida a los equipos de emergencia del propio establecimiento e informar al resto de los equipos y solicitar en su caso ayudas de intervención externa, cuando se produce una emergencia, es:

a) Alarmar.
b) Alertar.
c) Apremiar.

24. Aquella situación en la que los parámetros definidores del riesgo, evidencian que la materialización del mismo, puede ser inminente, se denomina:

a) Preemergencia.
b) Conato.
c) Emergencia parcial.

25. Aquella situación que puede ser controlada y solucionada de forma sencilla y rápida por el personal y medios de protección del local, dependencias o sector, se llama:

a) Preemergencia.
b) Conato de emergencia.
c) Emergencia parcial.

26. Aquella situación que, para ser dominada, requiere la actuación de equipos especiales del sector, se denomina:

a) Emergencia básica.
b) Preemergencia.
c) Emergencia parcial.

27. ¿A quién corresponde establecer la situación de emergencia en función del nivel de gravedad?

a) Al Jefe de Intervención.
b) Al Director del Plan de Actuación.
c) Al responsable de los Servicios Públicos de Extinción de Incendios y Salvamento.

28. En un plan de autoprotección, ¿a qué se denominan "Equipos de Primera Intervención" (EPI)?

a) Son los que en una situación de emergencia organizan en primer lugar la evacuación del edificio a la espera de las instrucciones del Jefe de Emergencia.
b) Son los que en una situación de emergencia acuden al lugar donde se haya producido la emergencia para intentar su control y poner en funcionamiento el sistema de alarma.
c) También llamados Equipos de Protección Individual, incluyen cualquier equipo destinado a ser llevado o sujetado por el trabajador para que le proteja de los riesgos para su seguridad y salud laboral.

29. Asume la dirección y coordinación de los equipos de emergencia en el lugar del accidente:

a) El Jefe de Intervención.
b) El Director del Plan de Actuación.
c) El responsable de los Servicios Públicos de Extinción de Incendios y Salvamento.

30. El color de seguridad para las señales de advertencia es:

a) El rojo.
b) El azul.
c) El amarillo o amarillo anaranjado.

31. Las señales de prohibición tendrán forma:

a) Rectangular.
b) De rombo.
c) Redonda.

32. Según el Real Decreto 513/2017, de 22 de mayo, por el que se aprueba el Reglamento de instalaciones de protección contra incendios y la norma UNE-EN2, para un fuego de clase C, utilizaremos un agente extintor:

a) Específico para fuegos de metales.

b) Específico para fuegos de materiales sólidos, generalmente de naturaleza orgánica, cuya combinación se realiza normalmente por la formación de brasas.

c) Específico para fuegos de gases.

33. Cuál de los siguientes es un principio rector del Plan de Prevención del Cabildo de Gran Canaria:

a) Fomentar el cumplimiento de las normas de seguridad y salud.

b) Proporcionar una protección eficaz en seguridad y salud a todos los/as trabajadores/as.

c) Modelo de prevención participativo, basado en el derecho de los/as trabajadores/as a participar activamente en todo aquello que pueda afectar a su seguridad y salud en el trabajo, para tomar las acciones necesarias para su protección.

34. Para llevar a cabo los principios rectores del Plan de Prevención, el Cabildo de Gran Canaria se compromete a:

a) Impregnar al conjunto de la actividad de la Corporación con los principios de la política de prevención de riesgos laborales.

b) La mejora continua de las condiciones de trabajo y de todos los ámbitos de actuación.

c) Priorizar los sistemas de protección individual frente a las medidas de protección colectiva.

35. A quién corresponde la aprobación de la Política de Prevención del Cabildo de Gran Canaria:

a) Al Presidente de la Corporación.

b) Al Servicio de Prevención de Riesgos Laborales.

c) Al Comité de Seguridad y Salud.

36. El Comité de Seguridad y Salud del Cabildo de Gran Canaria se reunirá:

a) Mensualmente, y siempre que lo solicite alguna de las representaciones en el mismo.

b) Trimestralmente, y siempre que lo solicite alguna de las representaciones en el mismo.

c) Semestralmente, y siempre que lo solicite alguna de las representaciones en el mismo.

37. Es una función de los/as Coordinadores/as generales, Directores/as generales, Jefes/as de Servicio y Directores/as de centros:

a) Formar a los/as trabajadores/as para la correcta realización de las tareas que tengan asignadas y detectar las carencias al respecto.

b) Promover la divulgación a todos los niveles del interés expresado en la Política General mediante los adecuados programas de formación e información.

c) Proponer el Manual del Plan de Prevención de Riesgos Laborales y someterlo a su aprobación por el Consejo de Gobierno Insular.

38. El Director/a del Plan de Prevención realizará una reunión con los/as Directores/as Generales y Jefes/as de Servicio, para tratar de forma monográfica la implantación y seguimiento del Plan de Prevención, cumplimiento de objetivos, análisis de las conclusiones de la auditoría de prevención, acciones derivadas de las actividades del Plan de Prevención, estado de tales acciones, exigencias de cumplimiento, resultados de accidentalidad, comentario de normas generales, revisiones de informes de seguimiento de las acciones preventivas, etc., al menos:

a) Cada 3 meses.
b) Cada 6 meses.
c) Anualmente.

39. En relación a la vigilancia de la salud de los trabajadores del Cabildo de Gran Canaria, NO es cierto que:

a) Los exámenes de salud siempre tendrán carácter voluntario.
b) La vigilancia será desempeñada por el Servicio de Prevención por medio del Médico Especialista en Medicina del Trabajo y el ATS/DUE de Empresa, sin perjuicio de la participación de otros profesionales sanitarios con competencia técnica, formación y capacidad acreditada.
c) Los exámenes de salud serán gratuitos para los/las trabajadores/as.

40. En todo caso, el Cabildo someterá su sistema de prevención al control de una auditoría externa por una persona o entidad acreditada para tal fin, para permitir la adopción de decisiones dirigidas a su perfeccionamiento y mejora. Tal auditoría externa se realizará:

a) Anualmente.
b) Cada 3 años.
c) Cada 4 años.

Solución al test n.º 19

1. a) La probabilidad de que se produzca.

2. c) Garantías.

3. a) Aquellos que, en ausencia de medidas preventivas específicas, originen riesgos para la seguridad y la salud de los trabajadores que los desarrollan o utilizan.

4. c) Cuando sea probable racionalmente que se materialice en un futuro inmediato una exposición a dichos agentes de la que puedan derivarse daños graves para la salud, aun cuando estos no se manifiesten de forma inmediata.

5. b) Accidente de trabajo.

6. a) La posibilidad de que un trabajador sufra un determinado daño derivado del trabajo.

7. c) Conjunto de actividades o medidas adoptadas o previstas en todas las fases de actividad de la empresa con el fin de evitar o disminuir los riesgos derivados del trabajo.

8. c) Cualquier equipo destinado a ser llevado o sujetado por el trabajador para que le proteja de uno o varios riesgos que puedan amenazar su seguridad o su salud en el trabajo.

9. c) Las enfermedades, patologías o lesiones sufridas con motivo u ocasión del trabajo.

10. b) La naturaleza de los agentes físicos, químicos y biológicos presentes en el ambiente de trabajo y sus correspondientes intensidades, concentraciones o niveles de presencia además de las instalaciones, incluidas las características organizativas del trabajo.

11. a) La Ley de Prevención de Riesgos Laborales se aplica a los operativos de Seguridad civil en casos de catástrofe.

12. b) Evaluar los riesgos que se puedan evitar.

13. b) 50.

14. b) Utilizar correctamente los medios y equipos de protección facilitados por el empresario, de acuerdo con las instrucciones recibidas de éste.

15. c) El órgano de representación de personal podrá acordar la paralización de la actividad.

16. b) Autoprotección.

17. c) El Director del propio Plan de Actuación en Emergencias.

18. a) El aviso o señal por la que se informa a las personas para que sigan instrucciones específicas ante una situación de emergencia.

19. b) Peligro.

20. c) Ocupación.

21. b) Rehabilitación.

22. c) Grado de pérdida o daño esperado sobre las personas y los bienes y su consiguiente alteración de la actividad socioeconómica, debido a la ocurrencia de un efecto dañino específico.

23. b) Alertar.

24. a) Preemergencia.

25. b) Conato de emergencia.

26. c) Emergencia parcial.

27. b) Al Director del Plan de Actuación.

28. b) Son los que en una situación de emergencia acuden al lugar donde se haya producido la emergencia para intentar su control y poner en funcionamiento el sistema de alarma.

29. a) El Jefe de Intervención.

30. c) El amarillo o amarillo anaranjado.

31. c) Redonda.

32. c) Específico para fuegos de gases.

33. a) Fomentar el cumplimiento de las normas de seguridad y salud.

34. b) La mejora continua de las condiciones de trabajo y de todos los ámbitos de actuación.

35. a) Al Presidente de la Corporación.

36. b) Trimestralmente, y siempre que lo solicite alguna de las representaciones en el mismo.

37. a) Formar a los/as trabajadores/as para la correcta realización de las tareas que tengan asignadas y detectar las carencias al respecto.

38. c) Anualmente.

39. a) Los exámenes de salud siempre tendrán carácter voluntario.

40. c) Cada 4 años.

Informática

Nota:

En las bases de la convocatoria no se especifica la versión para este tema de Informática, por lo que hemos incluido Windows 10 y la versión 2019 de Office.

En caso de que se requiera antes del examen otra versión diferente y así se publique, se pondrá a disposición del opositor en el campus correspondiente.

1. ¿Desde qué pestaña de la cinta de opciones de Word podremos comparar dos versiones de un documento?

a) Inicio.
b) Referencias.
c) Revisar.

2. ¿Cuál de las siguientes relaciones entre opción y grupo no es correcta?

a) Tachado y Fuente.
b) Interlineado y Párrafo.
c) Hipervínculo (Referencias).

3. La alineación es un comando de Word 2019 que afecta a:

a) La selección de texto.
b) La dirección del texto.
c) Los párrafos.

4. ¿En qué ficha y grupo está la opción para utilizar las tabulaciones?

a) Insertar / Tabulaciones
b) Inicio / Párrafo/ botón cuadro dialogo Párrafo
c) Inicio / Formato / Tabulaciones

5. En Word, ¿cuál es la diferencia entre pulsar INTRO y pulsar las teclas Mayúsculas + INTRO?

a) Intro indica párrafo nuevo, y Mayúsculas + Intro, indica salto de línea.
b) No hay diferencias para Word.
c) Intro indica párrafo nuevo, y Mayúsculas + Intro, indica salto de sección.

6. El botón Borrar Formato en Word:

a) Borra todo el formato de la selección.
b) Deja el texto sin formato y lo elimina.
c) Funciona haciendo doble clic.

7. Los sangrados en Word:

a) Definen el límite izquierdo de los párrafos de un documento, pero no el derecho.
b) Definen el límite derecho de los párrafos de un documento, pero no el izquierdo.
c) Definen el límite izquierdo y el límite derecho de los párrafos de un documento.

8. La carta modelo en un proceso de combinar correspondencia de Word:

a) Tendrá la tabla de datos para combinar.
b) No tendrá los campos de combinación.
c) Incluirá el texto que no varía.

9. El método más rápido para acceder a las opciones de la cinta de opciones de Word 2019 es hacer un clic con el ratón sobre ellas; si queremos acceder a las distintas opciones de los paneles y menús a partir del teclado, podemos pulsar la tecla:

a) F1.
b) Shift.
c) Alt.

10. La combinación de teclas para la alineación centrada es:

a) Ctrl + T.
b) Ctrl + Q.
c) Ctrl + J.

11. El interlineado se puede definir como:

a) El espacio que hay entre los párrafos de un documento.
b) El espacio que hay entre los caracteres de un párrafo.
c) El espacio que hay entre una y otra línea de un mismo párrafo.

12. ¿En qué menú de Word 2019 se encuentra la opción Marcas de Agua?

a) Insertar.
b) Diseño.
c) Disposición.

13. ¿Qué combinación de teclas divide la ventana de un documento?

a) Alt + Ctrl + R.
b) Alt + Ctrl + V.
c) Alt + Ctrl + I.

14. La sangría francesa:

a) Controla el límite izquierdo de todas las líneas del párrafo menos la segunda.
b) Controla el límite izquierdo de todas las líneas del párrafo menos la última.
c) Controla el límite izquierdo de todas las líneas del párrafo menos la primera.

15. Para disminuir un nivel en una lista Multinivel de Word 2019 pulsamos:

a) Mayúsculas + Control.
b) Mayúsculas + Ins.
c) Ninguna es correcta.

16. ¿Cuántas listas desplegables hay en el cuadro de diálogo de Fuente?

a) 4.
b) 3.
c) 6.

17. ¿Cuál es la definición de tabulación de barra?

a) Alinea el texto tabulado del lado derecho.
b) Alinea los números decimales.
c) Dibuja una línea vertical en el documento.

18. ¿Qué combinación de teclas Inserta una nota al pié de página?

a) Ctrl + Alt + O.
b) Ctrl + Alt + D.
c) Ctrl + Alt + S.

19. Un estilo de Word 2019 puede ser:

a) De párrafo, carácter, imagen y tabla.
b) De párrafo, carácter, imagen y lista.
c) De párrafo, carácter, lista y tabla.

20. La biblioteca de viñetas es:

a) El conjunto de viñetas usadas en el documento actual.
b) El conjunto de viñetas disponibles para usar.
c) El conjunto de viñetas de tipo párrafo.

21. ¿Cuál de las siguientes no es una alineación válida de una tabla en Word 2019?

a) Ajustar a la izquierda.
b) Ajustar a la derecha.
c) Ajustar al centro.

22. ¿Cuál es la combinación de teclas en Word 2019 que sirve para moverse una celda a la izquierda de la actual?

a) Alt + Tab.
b) Flecha izquierda.
c) Tab.

23. ¿Cuál de las siguientes afirmaciones es correcta en Word 2019?

a) El botón *Combinar celdas* solo estará activo si hay más de una celda seleccionada en la tabla.
b) El botón *Combinar celdas* solo estará activo si hay una celda seleccionada en la tabla.
c) El botón *Combinar celdas* sólo estará activo si hay menos de cinco celdas seleccionadas en la tabla.

24. Si estando situados en la última celda de la segunda fila de una tabla de Word 2019 pulsamos la tecla Tab, ¿qué sucederá?

a) Si no estamos en la última fila, se creará una nueva fila.
b) Se desplazará a la celda siguiente siempre que no estemos en la penúltima columna.
c) Si es la última fila creará una nueva fila.

25. ¿Cuál de los siguientes valores no es un tipo correcto para usar en una columna de Word 2019?

a) Párrafo.
b) Izquierdo.
c) Periodístico.

26. ¿Cuántas opciones de cambio de dirección de texto tenemos en Word 2019?

a) 2.
b) 4.
c) 3.

27. Si tenemos el siguiente texto "CARLOS,TOJEIRO, ALCALÁ, 20,47 €, CALLE REAL 25,15002, A CORUÑA" y usamos la utilidad de convertir texto en tabla, con separador de ",", ¿cuántas columnas y filas nos ofrecerá por defecto?

a) 8 columnas y 1 fila.
b) 1 columna y 8 filas.
c) 7 columnas y 1 fila.

28. La extensión de la plantilla por defecto en Word 2019 es:

a) dotx
b) dotm
c) docx

29. La combinación de teclas que crea un salto de línea manual es:

a) Control + Enter.
b) Mayúsculas + Enter.
c) Alt + Enter.

30 ¿Cuál de las siguientes es un ajuste válido del texto con respecto a una tabla en Word 2019?

a) Alrededor.
b) Estrecho.
c) En línea con el texto.

31. ¿Cuál de los siguientes cuatro formatos de papel tiene un mayor tamaño?

a) Oficio.
b) A4.
c) A3.

32. El Panel de navegación presenta tres pestañas diferentes. ¿Cuáles son las pestañas correctas?

a) Páginas – Miniaturas – Títulos.
b) Títulos – Páginas – Resultados.
c) Títulos – Miniaturas – Resultados.

33. Al seleccionar destinatarios de una combinación de correspondencia en Word, ¿cuál de las siguientes opciones NO está disponible?

a) Elegir de los contactos de Excel.
b) Escribir una nueva lista.
c) Usar una lista existente.

34. En Word, de forma predeterminada, indica cuáles son las vistas disponibles en el grupo Vistas de la pestaña Vista:

a) Modo lectura; Diseño de impresión; Esquema; Borrador; Zoom.
b) Modo lectura; Diseño de impresión; Diseño web; Varias páginas; Esquema; Borrador.
c) Modo lectura; Diseño de impresión; Diseño web; Esquema; Borrador.

35. En Word, ¿podemos evitar que un texto seleccionado se sustituya al comenzar la escritura?

a) Eso no sucede en Word. Al escribir cuando hay un texto seleccionado, éste no se sustituye.
b) Es una funcionalidad que no depende de Word sino del sistema operativo dado que sucede en cualquier editor de textos.
c) En: Opciones de Word -> Avanzadas -> Opciones de edición, desactivar la casilla "La escritura reemplaza el texto seleccionado".

36. Si queremos eliminar un comentario que tiene una celda de Excel 2019, ¿a qué ficha tenemos que acceder?

a) Revisar.
b) Comentarios.
c) Datos.

37. Las constantes de Excel 2019 pueden ser valores:

a) Numéricos y de tipo texto.
b) Horas y fechas.
c) Numéricos, de texto, horas y fechas.

38. Si en una celda aparecen símbolos de sostenido (#####):

a) Está en notación científica negativa.
b) Es un valor de texto incorrecto.
c) El valor no cabe en la anchura de la celda.

39. Señala lo correcto con respecto al número de hojas que muestra Excel 2019:

a) Muestra 1 hoja de cálculo.
b) Muestra 5 hojas de cálculo.
c) Es un valor configurable.

40. La opción de ocultar Hoja de Excel 2019 podemos encontrarla en:

a) El botón de lista *Insertar*.
b) El botón de lista *Hoja*.
c) El botón de lista *Formato*.

41. La etiqueta de la hoja de cálculo se colorea totalmente cuando:

a) Estás en una hoja distinta.
b) Estás en la propia hoja.
c) Siempre está coloreada.

42. En la ficha Página, en el grupo Configurar Página, podemos:

a) Definir los márgenes de la hoja.
b) Definir los saltos de página.
c) Definir la orientación.

43. La escala de ajuste de la hoja de cálculo, tiene un valor máximo de:

a) 100 %.
b) 400 %.
c) 250 %.

44. Un encabezado en Excel 2019 es la parte de la Hoja que está:

a) Entre el borde inferior y el margen superior.
b) Entre el borde inferior y el margen inferior.
c) Entre el borde superior y el margen superior.

45. El código #N/A es:

a) Error de acceso a la celda.
b) Fórmula matricial.
c) Error de celda.

46. Las funciones de Excel 2019 son:

a) Fórmulas predefinidas.
b) Cálculos predefinidos.
c) Argumentos predefinidos.

47. La función =SUMA(A1 ; A8 ; A10)

a) Suma todas las celdas desde la A1 a la A8 y además la A10.
b) Suma todas las celdas desde la A1 a la A10 menos la A8.
c) Suma las celdas A1, A8 y la A10.

48. La función =SUMA(A1 ; 3 ; A8)

a) Suma 3 veces la celda A1 y la A8.
b) Suma la celda A1 y 3 veces la celda A8.
c) Suma la celda A1, una constante de 3 y la celda A8.

49. La función RESIDUO:

a) Calcula el interés residual de un préstamo.
b) Devuelve el resto de una división.
c) Calcula la parte entera de una división.

50. La función" =REDONDEAR (B3 ; -2)":

a) Dará un error como resultado.
b) Redondea el valor B3 al valor más cercano a "-2".
c) Dependerá del valor de la celda B3.

51. Un gráfico en Excel 2019 puede llegar a tener:

a) Eje X.
b) Eje X, Eje Y.
c) Eje X, Eje Y, Eje Z.

52. El eje de valores de un gráfico en columnas:

a) Puede ser el eje vertical.
b) Puede ser el eje horizontal.
c) Puede ser el eje vertical u horizontal.

53. Si en los rótulos de la lista aparecen botones de lista desplegable es porque:

a) Se ha realizado una ordenación personalizada.
b) Se ha realizado un Filtrado.
c) Se ha realizado un Subtotal.

54. Los datos de una lista de una hoja de cálculo se ordenan:

a) Alfabéticamente.
b) Personalizadamente.
c) Puede ser alfabética o personalizadamente.

55. El área de trazado de un gráfico:

a) Es el área total ocupada por el gráfico.
b) Es el área que ocupa la representación de las series de datos.
c) Es el área que ocupan el título y la leyenda del gráfico.

56. En una celda con formato de tipo fracción introducimos el valor 2/4, ¿qué valor mostrará en la hoja tras sacar el foco de la celda?

a) 2/4
b) 1/2
c) 0,5

57. En Excel, ¿cuál de las siguientes funciones es de texto?

a) COVAR
b) SUSTITUIR
c) BDMAX

58. En Excel, ¿cuál de las siguientes opciones NO está disponible en el Formato condicional de una celda?

a) Barras de datos.
b) Líneas.
c) Conjuntos de iconos.

59. En una hoja de Excel tenemos un valor numérico en la celda B1. En la celda C1 queremos que aparezca el texto "Bajo" si B1 es menor o igual a 15, "Medio" si B1 está entre 16 y 25, y "Alto" si B1 es mayor de 25 (todos los textos sin comillas). ¿Qué formula introduciremos en la celda C1?

a) =SI(B1<=15; "Bajo"; B1<=25; "Medio"; C1>25; "Alto")
b) =SI.CONJUNTO(B1<=15 "Bajo";B1<=25 "Medio"; B1>25 "Alto")
c) =SI(B1<=15;"Bajo";SI(B1<=25;"Medio";"Alto"))

60. En una hoja Excel la celda D1 contiene el texto "CarlosMAD 01" y la celda D2 contiene la fórmula "=EXTRAE(D1;11;2)" (ambos sin comillas). ¿Qué resultado obtenemos en la celda A2?

a) CarlosMAD 0
b) CarlosMAD 01
c) 01

61. Cuando un usuario envía un correo:

a) El mensaje se dirige primero hasta el buzón de correo de su proveedor de internet.
b) El mensaje se dirige primero hasta el buzón de correo del proveedor de internet del destinatario.

c) El mensaje se dirige primero hasta el buzón de correo del proveedor de internet del destinatario si es de tipo POP.

62. En Microsoft Outlook 2019 se pueden configurar:

a) Correos gratuitos.
b) Correos de proveedor de pago.
c) Tanto correos gratuitos como de proveedores de pago.

63. La carpeta de correo no deseado o Spam contiene:

a) Correos recibidos con origen desconocido.
b) Correos enviados con destino sospechoso.
c) Correos recibidos o enviados con origen desconocido.

64. La opción "Responder a todos":

a) Responde al remitente y a los usuarios de la lista de contactos seleccionados previamente.
b) Responde al remitente y al resto de usuarios que estén en el mensaje.
c) Responde al remitente y solo a los usuarios del mensaje que estén en el CC.

65. Los destinatarios del campo CC:

a) No son visibles para los del campo CCO.
b) Solo son visibles para los del campo PARA.
c) Son visibles para todos los destinatarios.

66. Las prioridades del mensaje pueden tener prioridad:

a) Alta y Media.
b) Alta, Media y Baja.
c) Alta y Baja.

67. La parte del entorno que permite ver una vista previa del correo seleccionado se llama:

a) Panel de lectura.
b) Visor de lectura.
c) Vista de lectura.

68. Al reenviar un mensaje en el asunto aparecerá:

a) RE:
b) RW:
c) RV.

Solución al test n.º 20

1. c) Revisar.

2. c) Hipervínculo (Referencias).

3. c) Los párrafos.

4. b) Inicio / Párrafo/ botón cuadro diálogo Párrafo.

5. a) Intro indica párrafo nuevo, y Mayúsculas + Intro indica salto de línea.

6. a) Borra todo el formato de la selección.

7. c) Definen el límite izquierdo y el límite derecho de los párrafos de un documento.

8. c) Incluirá el texto que no varía.

9. c) ALT.

10. a) CTRL + T.

11. c) El espacio que hay entre una y otra línea de un mismo párrafo.

12. b) Diseño.

13. b) Alt + Ctrl + V.

14. c) Controla el límite izquierdo de todas las líneas del párrafo menos la primera.

15. c) Ninguna es correcta.

16. b) 3.

17. c) Dibuja una línea vertical en el documento.

18. a) Ctrl + Alt + O.

19. c) De párrafo, carácter, lista y tabla.

20. b) El conjunto de viñetas disponibles para usar.

21. b) Ajustar a la derecha.

22. c) Mayúsc + TAB.

23. a) El botón *Combinar celdas* solo estará activo si hay más de una celda selecciona-da en la tabla.

24. c) Si es la última fila creará una nueva fila.

25. c) Periodístico.

26. c) 3.

27. a) 8 columnas y 1 fila.

28. b) dotm

29. b) Mayúsculas + Enter.

30. a) Alrededor.

31. c) A3.

32. b) Títulos - Páginas - Resultados.

33. a) Elegir de los contactos de Excel.

34. c) Modo lectura; Diseño de impresión; Diseño web; Esquema; Borrador.

35. c) En: Opciones de Word -> Avanzadas -> Opciones de edición, desactivar la casilla "La escritura reemplaza el texto seleccionado".

36. a) Revisar.

37. c) Numéricos, de texto, horas y fechas.

38. c) El valor no cabe en la anchura de la celda.

39. c) Es un valor configurable.

40. c) El botón de lista Formato.

41. a) Estás en una hoja distinta.

42. c) Definir la orientación.

43. b) 400 %.

44. c) Entre el borde superior y el margen superior.

45. c) Error de celda.

46. a) Fórmulas predefinidas.

47. c) Suma las celdas A1, A8 y la A10.

48. c) Suma la celda A1, una constante de 3 y la celda A8.

49. b) Devuelve el resto de una división.

50. c) Dependerá del valor de la celda B3.

51. c) Eje X, Eje Y, Eje Z.

52. c) Puede ser el eje vertical u horizontal.

53. b) Se ha realizado un Filtrado.

54. c) Puede ser alfabética o personalizadamente.

55. b) Es el área que ocupa la representación de las series de datos.

56. b) 1/2

57. b) SUSTITUIR.

58. b) Líneas.

59. c) =SI(B1<=15;"Bajo";SI(B1<=25;"Medio";"Alto"))

60. c) 01.

61. a) El mensaje se dirige primero hasta el buzón de correo de su proveedor de internet.

62. c) Tanto correos gratuitos como de proveedores de pago.

63. a) Correos recibidos con origen desconocido.

64. b) Responde al remitente y al resto de usuarios que estén en el mensaje.

65. c) Son visibles para todos los destinatarios.

66. c) Alta y Baja.

67. a) Panel de lectura.

68. c) RV.

Auxiliar de Administración General
Test del temario

El uso de los códigos **es exclusivo de los compradores de los productos de Editorial MAD**. Cada producto posee un código único y de un solo uso. Es personal e intransferible y da acceso a servicios y contenidos adicionales. Editorial MAD se reserva el derecho de hacer cuantas comprobaciones sean necesarias para identificar al legítimo poseedor del código y dejar de dar servicio a quien haga uso fraudulento del mismo, además de emprender cuantas acciones legales estime oportunas según la legislación vigente.

Deberás acceder a:

Si una vez aceptadas las condiciones de uso del Campus decides hacer uso del mismo, necesitarás del siguiente código de acceso junto con los códigos del resto de títulos que se exigen (si fuera el caso):

3PXTAB1UDJ